Kulinarisches aus Persien

Kulinarisches aus Persien

ISBN 3-932814-00-2
3. Auflage 1999

Copyright © 1997 regura-Verlag
Reza Haidari Kahkesh · Luxem · Weipert GbR mit Haftungsbeschränkung auf das Gesellschaftsvermögen
Falkertstrasse 71
D-70176 Stuttgart

© Alle Rechte vorbehalten.
Nachdruck, auch auszugsweise, sowie Verbreitung durch Film, Funk und Fernsehen, durch fotomechanische Wiedergabe, Tonträger und Datenverarbeitungssysteme jeglicher Art nur mit schriftlicher Genehmigung des Verlages.

Fotos: Dr. Ali Anwari: Seite 2, 3, 4, 5, 6, 9, 10, 26, 45, 52, 108, 111
Reza Haidari Kahkesh, Ralph Luxem:
Schw.-w.: Seite 7, 12, 19, 22, 24, 27, 28, 30, 51, 70, 73, 85, 91, 100, 103, 106, 107, 110, 113, 115
Farbe: Seite 56, 57, 60, 61, 64, 65, 68, 69, 71, 74, 75, 78, 79, 82, 83, 86

DTP-Produktion: DTP-Luxem GmbH, Stuttgart

Druck: Druckerei Scharr GmbH, Stuttgart

Kulinarisches aus Persien

Reza Haidari Kahkesh
Gunther Weipert

Verlag

تقدیم به پدر ارجمندم

Für meinen Vater
Farsali Haidari Kahkesh

Mein Dank gilt all jenen, die zum Erscheinen dieses Kochbuches beigetragen haben.

Insbesondere danke ich Gunther Weipert für die textliche Gestaltung der Rezepte und Ralph Luxem für Satz, Layout, Bildmaterial und Produktion dieses Kochbuches. Darüber hinaus gilt mein Dank Herrn Dr. Ali Anwari, den Mitarbeiterinnen der Firma DTP Luxem, Diana May und Angela Bösel, sowie der Druckerei Scharr für ihre freundliche Unterstützung.

Reza Haidari Kahkesh

Inhaltsverzeichnis

Vorwort 1

Das Land und seine Gerichte. 2

Die wichtigsten Zutaten 7
   - Reis 7
   - Die richtige Zubereitung – „Tschello" 7
   - Fladenbrot 9
   - Gemüse 9
   - Fleisch 9
   - Fisch 9
   - Hülsenfrüchte 10
   - Salate 10
   - Obst 10
   - Kräuter und Gewürze 10

Weitere charakteristische Zutaten 13
   - Limo Amani 13
   - Rosenwasser 14
   - Persische Datteln 14
   - Alu Bokharai 14
   - Berberitze 14
   - Tamarindenpaste 14
   - Mandeln, Pistazien, Haselnüsse, Walnüsse 15

Getränke 15

Inhalt

Wo erhält man die typisch persischen Zutaten? 16

Die Ausstattung der Küche 17

Abkürzungen 17

Hinweise zur Aussprache 18

Die Gerichte 19

Vorspeisen – Der gelungene Auftakt zu einem orientalischen Festmahl 21

- SALAD SHIRAZI 22
  Tomaten-Gurken-Salat
- MAST E BADEMDSCHAN 23
  Auberginen in Joghurt
- BADEMDSCHAN BA SABSI 24
  Gebackene Auberginen mit Kräutern
- NAZ KHATUN 25
  Auberginen-Spezialität mit frischem Granatapfelsaft
- MIRSA GHASSEMI 26
  Auberginen-Omelette
- SALAD OLIWIEH 28
- BAGHALI KHORESCHT (Baghali Ghatogh) 30
  Dickbohnen-Spezialität
- MAST O MUSIR 31
  Wilder Knoblauch in Joghurt

- TORSCHI 32
  Eingelegtes Gemüse
- DOLMEH BARGE MOU 34
  Gefüllte Weinblätter
- DOLMEH KALAM 36
  Kohlrouladen auf persische Art

Kebab – Gegrillte oder gebratene Fleisch- und Geflügelspezialitäten **39**

- KEBAB SCHAMI 40
  Frikadellen auf persische Art
- KEBAB BARG 41
  Gegrillte „Fleischblätter" vom Kalb
- DSCHUDSCHEHKEBAB 43
  Gegrilltes Hähnchen (Hähnchenkebab)
- KEBAB SIKHI 44
  Kalbsspieß auf persische Art
- KEBAB KUBIDE 45
  Hackfleischspieß

Maahi – Zwischen Kaspischem Meer und Persischem Golf **47**

- SORKHU 48
  Gebackener Redsnapper, gefüllt
- GHALIEH MAAHI 49
  Seelachsfilet gekocht in Kräutersauce
- MAAHI E SORKHSCHODEH 51
  Gebratenes Seelachsfilet

Khoresch – Gemüse-Fleisch-Gerichte aus dem Topf 53

- KHORESCHT E KARAFS 54
  Lammfleisch in Selleriesauce
- KHORESCHT ALU BA MORK 55
  Gekochtes Hähnchen in Mirabellensauce
- KHORESCHT E BAADAAM WA PESTEH 58
  Gulasch mit gestifteten Mandeln und Pistazien
- KHORESCHT E GHORMEH SABSI 59
  Gulasch in Kräutersauce mit Schwarzaugenbohnen
- KHORESCHT E BAMIEH 63
  Gekochtes Hammelfleisch mit Bamieh (Okrabohnen)
- TASKEBAB 66
  Lammeintopf
- KHORESCHT E SARDALU WA ALU 70
  Hammelschulter in Pflaumen-Aprikosen-Sauce
- GHAIMEH BADEMDSCHAN 72
  Lammfleisch in Auberginensauce

Pollo – Schicht für Schicht zum Hochgenuß 76

- TSCHESCHMBOLBOLIPOLLO BA GUSCHT E TSCHARKH KARDEH 77
  Pollo mit Augenbohnen und Hackfleisch
- HAWIDSCH POLLO 80
  Pollo mit Karotten
- ALBALUPOLLO 84
  Kirschenpollo
- BAGHALIPOLLO 87
  Dickbohnenpollo mit Dill

Aasch – Traditionelle Speisen zum Wohle der Familie 89

- AASCH E RESCHTEH 90
  Aasch mit Nudeln
- AASCH E SCHOLEGHALAMKAR 93
  Aasch mit Hammelfleisch
- AASCH E MASCH 95
  Aasch aus Mungbohnen
- AASCH E ANAR 97
  Aasch mit Granatapfel

... noch ein paar besondere Köstlichkeiten 99

- KHORESCHT E FESSENDSCHAN 100
  Gekochtes Hähnchen oder Ente in Granatapfel-Walnuß-Sauce
- TAHTSCHIN E MORK 101
  Hähnchenpollo
- KUFTEH TABRISI 105
- MORK E POCHTE BA CORRY 107
  Geschmortes Hähnchen in Curry

Shirini – Persische Süßspeisen – Die Verlockungen des Orients 109

- SULBIA 110
- BAGHLAWA 112
- HALWA KHORMA 114
  Dattelhalwa
- SCHOLEH SARD 116
  Reisbrei mit Safran

Inhalt

Farbige Abbildungen 56

- SALAD SHIRAZI 56
- MIRSA GHASSEMI 56
- BAGHALI KHORESCHT (BAGHALI GHATOGH) 56
- BADEMDSCHAN BA SABSI 56
- KEBAB BARG 60
- DSCHUDSCHEHKEBAB 60
- KEBAB KUBIDE 60
- BAGHALIPOLLO 64
- MAAHI E SORKHSCHODEH 64
- MORK E POCHTE BA CORRY 64
- KUFTEH TABRISI 68
- SALAD OLIWIEH 71
- KHORESCHT E SARDALU WA ALU 74
- KHORESCHT E FESSENDSCHAN 74
- GHAIMEH BADEMDSCHAN 74
- ALBALUPOLLO 78
- TAHTSCHIN E MORK 78
- AASCH E RESCHTEH 82
- SULBIA 86
- BAGHLAWA 86

Vorwort

Die wechselvolle Geschichte Persiens, des heutigen Iran, seine uralten Handelsbeziehungen mit dem nahen und fernen Osten, die Traditionen verschiedener Volksgruppen sowie religiöse Einflüsse schufen eine Küche, die im gesamten Orient wohl ihresgleichen sucht. Edle Zutaten wie Kräuter und Gewürze schaffen kulinarische Gaumenfreuden, deren Farbe und Aroma das Bunte und Lebhafte des Orients widerspiegeln.

Die von Reza Haidari Kahkesh sorgsam ausgewählten persischen Originalrezepte, die ihm in alter Familientradition von seinem Vater Farsali Haidari Kahkesh übertragen wurden, und seine Beschreibungen der persischen Küche liefern einen kulinarischen Einblick in die Traditionen des heutigen Iran. Er entführt uns in eine Welt exotischer Zutaten und berauschender Düfte. Das Buch ermöglicht einer breiten Leserschaft Einblick in ein Stück iranische Kultur. Den deutschen Lesern bringt es eine aufregende Kochkunst näher, den in Deutschland lebenden iranischen Lesern hält es die Erinnerungen an die ferne Heimat wach. Ein Kochbuch als kulinarische Völkerverständigung.

Fast-food ist in Persien ein Fremdwort. Ausgiebiges Speisen mit vielen Gästen dagegen die Regel. Nehmen sie sich für die Zubereitung der Gerichte also etwas Zeit, laden Sie ein paar nette Gäste zum Essen ein und verwöhnen Sie sie mit einer Entdeckungsreise durch die Welt der persischen Spezialitäten.

Nusch e Dschan - Guten Appetit

Gunther Weipert

Das Land und seine Gerichte

Grandiose Landschaften der Gegensätze – blühende Gärten und trockene Wüsten

Persien, seit 1935 Iran genannt, erstreckt sich vom Kaspischen Meer im Norden bis zum Persischen Golf und dem Indischen Ozean im Süden. Das Kernland bildet, umgeben von markanten Gebirgszügen, das flächenmäßig dominierende Hochland des Irans. Es liegt durchschnittlich 1.500 m hoch und ist durch ein wüstenhaft-trockenes Klima gekennzeichnet. Die spärliche Vegetation wird oft auf hunderte von Kilometern nur durch das saftige Grün blühender Oasengärten unterbrochen, die wie Smaragde unter der glühenden Sonne liegen. Von dort stammen viele wichtige Zutaten der persischen Küche, wie beispielsweise die berühmten persischen Datteln.

Im Ostteil des Hochlandes liegt die berüchtigte, lebensfeindliche Salzwüste Dascht e Kewir und die Wüste Lut mit ihrem unendlichen Sandmeer. Während sich das Hochland in östlicher Richtung bis nach Afghanistan und Pakistan hinein fortsetzt, geht es im Nordwesten in das armenisch-aserbaidschanische Hochland über. Im Norden wird das Hochland durch das über 5000 m hohe Elbursgebirge begrenzt. Zu dessen Füßen liegt Teheran, Hauptstadt und größte Stadt zugleich. Im Westen und Süden bildet das schroffe Zagrosgebirge die Grenze zu den feuchtheißen Küstenländern am Persischen Golf.

Neben dem trockenen Hochland gibt es aber auch klimatisch bevorzugte Landesteile. Sie liegen jenseits der Gebirgswälle im Norden und Süden und eröffnen den Menschen fruchtbare und für die Gewinnung von Nahrungsmitteln wertvolle Gebiete. Im Norden, an den Ufern des Kaspischen Meeres, ermöglicht ein ganzjährig feuchtes Klima eine üppige Vegetation. Auf dem schmalen Streifen zwischen der Küste und den steilen Hängen des Elburs, die von einem undurchdringlichen Urwald überzogen sind, konzentriert sich eine äußerst produktive Landwirtschaft. Die Niederschläge bescheren ausreichend Wasser für den Anbau von Reis, dem wichtigsten Bestandteil der persischen Küche. Aber auch Tee, das National-Getränk Persiens, gedeiht hier außerordentlich gut. Darüber hinaus wird Weizen und Gerste angebaut, die Zutaten für Fladenbrot, das im ganzen Land zu jeder Mahlzeit gegessen wird. Im Süden, jenseits des Zagrosgebirges, öffnet sich das Land nach Mesopotamien, dem Zweistromland. Hier gibt es viel Sonne und fruchtbare Böden. Aber erst durch Bewässerung entstehen daraus blühende Landschaften, die eine große Vielfalt an Obst und Gemüse sowie Kräutern und Gewürzen hervorbringen, die die persische Küche wesentlich bestimmen.

Religion und Tradition – prägende Elemente der persischen Küche
Die abwechslungsreiche Landschaft des Iran wird durch die Vielfalt der Völker noch übertroffen. Die unterschiedlichen Volksstämme wie Kurden, Araber, Armenier, Assyrer, Türken, Turkmenen oder eine ganze Anzahl nomadisierender Stämme mit ihren zum Teil sehr eigenständigen weltlichen und religiösen Traditionen übten alle einen Einfluß auf die persische Küche aus. Der islamische Einfluß auf die persischen Gerichte ist unverkennbar: Seit der Islamisierung des Landes ist die Verwendung von Schweinefleisch sowie der Genuß von Alkohol strengstens untersagt.

Der Karawanenhandel – Einflüsse aus Ost und West
Zu einer weiteren Beeinflussung der persischen Küche führten die durch die geographische Lage des Landes bedingten vielfältigen Handelskontakte. Jahrhunderte lang waren die Karawanenstraßen aus Indien und China die wichtigsten Transportwege für exotische Waren aus Asien, sowohl für die Europäer als auch für die arabische Welt. Viele der wichtigsten Kreuzungspunkte dieser Karawanenrouten lagen auf dem Gebiet des alten Persiens. An diesen Kreuzungspunkten, an denen Waren umgeschlagen wurden oder an denen die Reisenden Kräfte für die bevorstehenden Strapazen sammeln konnten, entstanden blühende Städte mit der orientalischen Form des Marktes: dem Basar. In ihnen entwickelte sich ein kunstvolles Handwerk ebenso wie weltberühmte Dichtkunst, Architektur und Medizin.

Das Land und seine Gerichte

Die Wege zwischen den Städten waren beschwerlich. Wasser war kostbarer als Gold. Überall dort wo es zur Verfügung stand, um Kamele, Kameltreiber und Kaufleute zu versorgen, an natürlichen Oasen oder in Gebieten, die durch das uralte Bewässerungssystem der Qanate zu fruchtbaren Gärten erblühten, entstanden Karawansereien. In ihnen konnten die Handeltreibenden schon damals erfahren, was uneingeschränkt bis heute Gültigkeit besitzt: die grenzenlose Gastfreundschaft der Perser. „Habib e Khoda", wie der Gast genannt wird, bedeutet „Freund Gottes". Er wird daher mit größten Ehren bedacht und nur mit dem Besten aus der Küche versorgt.

Eine eigenständige Kochkunst als Resultat vielfältiger Einflüsse
Trotz vielfältiger Kontakte, einer wechselvollen Geschichte und häufiger Fremdherrschaft gelang es den Nachfahren der einst aus Zentralasien eingewanderten arischen Stämme, im Schutze von Elburs und Zagros persische Kultur und Traditionen und damit auch die Eigenheiten der Speisen zu bewahren, obwohl immer wieder fremdartige Einflüsse in die eigenen Traditionen integriert wurden.

Als Resultat entstand eine eigenständige Kochkunst, die schon in früheren Zeiten über ihre Grenzen hinaus Berühmtheit erlangte. Beim Würzen der persischen Speisen wird Fingerspitzengefühl verlangt. Verglichen mit anderen orientalischen Ländern kocht man in Persien mild. Die Gerichte leben vom Aroma frischer Kräuter und edler Gewürze, die den Eigengeschmack der Gerichte perfekt in Szene setzen. Zur richtigen Entfaltung des Aromas bedarf es Zeit. Nicht selten köcheln Fleisch und Gemüse nach kurzem Anbraten über eine Stunde bei schwacher Hitze vor sich hin. Viele Gerichte leben von einer Spannung zwischen süß und sauer, zweier gegenläufiger Geschmacksrichtungen, die die persische Küche meisterlich zu vereinen weiß. Die hohe Qualität wurde jedenfalls schon im Mittelalter in Europa hochgelobt. Man bezeichnete die persische Küche gerne als die französische Küche des Orients.

Sitten und Gebräuche

Nicht nur die Zubereitung der Speisen, auch das Bewirten der Gäste und die Geselligkeit, die von jeder Mahlzeit ausgeht, besitzt seit Jahrhunderten einen hohen Stellenwert in der persischen Tradition. In vielen Familien ist es Brauch, gemeinsame Mahlzeiten auf dem Boden sitzend einzunehmen. Dazu wird ein großes, sauberes, extra für diese Funktion bereitgehaltenes Tuch, das Sofreh, auf einem schönen Teppich ausgebreitet und anschließend stilvoll gedeckt. Neben einer Schale mit frischen, gemischten Kräutern, wie Basilikum, Petersilie, Schnittlauch, Kresse und Nanaminze, kommt frisches Fladenbrot auf das Sofreh. An Besteck findet man üblicherweise nur eine Gabel und einen Löffel, denn sämtliche Zutaten, auch das Fleisch, werden bereits bei der Zubereitung in mundgerechte Form gebracht. Nachdem sich die Familienmitglieder und ihre Gäste um das Tuch niedergelassen haben, serviert der Gastgeber die auf Servierplatten vorbereiteten und garnierten Speisen. Gegessen wird im Schneidersitz; das Ausstrecken der Beine in Richtung der Essenden oder gar das Berühren des Sofreh mit den Füßen gilt als ausgesprochen unhöflich. Die Menschen achten peinlichst auf die Sauberkeit ihrer Teppiche. Daher wird auch von den Gästen erwartet, daß sie vor dem Betreten der Wohnräume ihre Schuhe ausziehen.

An Festtagen, wie beispielsweise dem persischen Neujahrsfest Nouruz, übrigens immer am Frühlingsanfang, werden Menüs mit mehreren Gängen zubereitet. Dann beginnt die Mahlzeit mit einer Vorspeisenplatte, bestehend aus mehreren verschiedenen Vorspeisen. Der wichtigste Bestandteil der Hauptmahlzeit ist Reis. Auf seine Zubereitung wird besonders viel Wert gelegt. Es gibt ihn in allen Variationen. Die Grundform ist „Tschello" (Zubereitung siehe S. 7) mit einer knusprigen Kruste, dem Tahdig. Als Beilage zu Gemüse-Fleisch-Eintöpfen, den Khoreschten, oder zu gegrilltem Fleisch, dem Kebab, ist er unerläßlich. Alles weitere über Khorescht-Gerichte finden Sie ab S. 53, Kebab-Gerichte sind ab S. 39 beschrieben.

Wird der Reis als „Pollo" zubereitet, so wird er zusammen mit anderen Zutaten, oft mit Früchten und Gemüsen, gedämpft. Die verschiedenen Rezepte finden Sie ab S. 76. Dazu ißt man das frische Fladenbrot und die frischen Kräuter.

Das Land und seine Gerichte

Eine Besonderheit sind Aasch-Gerichte. Man sagt ihnen magische Kräfte nach. Sie bestehen überwiegend aus verschiedenen gekochten Hülsenfrüchten und einer besonderen Kräutermischung. Alles weitere über Aasch-Gerichte erfahren Sie ab S. 89.

Als Nachtisch werden köstliche Süßspeisen (Rezepte ab S. 109) und frisches Obst gereicht. Anschließend trinkt man stundenlang Tee, denn es gibt immer viel zu erzählen. Weitere Anlässe für solche Festessen sind beispielsweise Familientreffen, Trauerfeiern, Hochzeiten oder Schlachttage. Aber nicht nur an Festtagen wird reichlich gegessen. Auch im Alltag gibt es in vielen Familien zweimal täglich, mittags und abends, warm zu Essen. Dann genügt aber ein Hauptgericht, oft ein Khorescht mit Reis.

Was konkret auf dem Speisezettel steht, bestimmt der Rhythmus der Natur. Da viele Gemüse, Kräuter und andere Zutaten auf den lokalen Märkten gekauft werden, halten sich die Menschen weitgehend an das momentane Angebot. Im Sommer wird daher verstärkt Obst und Gemüse gegessen, im Winter landen bevorzugt Hülsenfrüchte im Topf. Da sich der Iran aber über verschiedene Vegetationszonen erstreckt, sind die meisten Gemüse- und Obstsorten das ganze Jahr über erhältlich. Kebab-Gerichte werden gerne im Frühling und im Sommer zubereitet, da sich diese Jahreszeit besonders gut zum Grillen im Freien eignet. Wenn ein Hammel oder eine Ziege frisch geschlachtet wurde, schließt sich meist ein Festmahl an, in dessen Verlauf die zarten Teile für den Grill verwendet und in geselliger Runde verspeist werden. Da stets reichlich gegrillt oder gekocht wird, bleibt häufig etwas von den angebotenen Speisen übrig. Es ist Sitte, daß die Reste an die Nachbarfamilien oder an arme Menschen verteilt werden. Das zeigt einen sehr sorgsamen Umgang mit Lebensmitteln. Denn in einem Land, das zu zwei Dritteln aus Wüste besteht, sind sich die Menschen sehr wohl über die Bedeutung von Nahrungsmitteln, die dem Boden meist unter härtesten Bedingungen abgerungen werden müssen, bewußt. Essen wird auch mit „Ne Mat" bezeichnet, „Gabe Gottes". Daher gilt es als Sünde, Brot oder Reis wegzuwerfen oder auf den Boden fallen zu lassen.

Die wichtigsten Zutaten

Reis

Reis kam durch die Jahrhunderte alten Handelskontakte mit Indien und China nach Persien. Das Haupt-Reisanbaugebiet des Iran liegt heute am Kaspischen Meer, da hier ausreichende Regenmengen für den Reisanbau zur Verfügung stehen. Bei uns verwendet man am besten hochwertigen Basmati-Reis mit seinem typischen Geschmack und dem duftigen Aroma. Er ist im Supermarkt erhältlich, dort aber sehr teuer. Günstiger erhält man ihn in persischen, türkischen oder indischen Lebensmittelgeschäften.

Neben Fladenbrot ist Reis das wichtigste Grundnahrungsmittel, das mit sehr viel Sorgfalt behandelt wird. Die richtige Zubereitung zählt zu den Grundregeln der persischen Küche. Denn für jeden Gast ist die Qualität des zubereiteten Reises das Kriterium, nach dem er die Kochkunst seines Gastgebers beurteilt.

Die richtige Zubereitung – „Tschello":

Tschello bedeutet, daß der Reis als Beilage serviert wird, d.h. er wird separat gekocht bzw. gedämpft. Typische Tschello-Gerichte sind Khorescht- und Kebab-Gerichte. Im Unterschied dazu kann Reis auch in einem Topf zusammen mit weiteren Zutaten gekocht werden. Dies ist bei den Pollo-Gerichten der Fall.

Um zu verhindern, daß der Reis klebrig wird, was unter alle Umständen vermieden werden soll, spült man ihn vor dem Kochen gründlich ab. Dazu gibt man ihn in einen Topf mit kaltem Wasser und schwenkt ihn mehrmals hin und her. Anschließend wird das Wasser vorsichtig wieder abgegossen, so daß kein Reis verlorengeht. Dieser Vorgang wird 2–3mal wiederholt.

Der gewaschene Reis wird in einen Topf mit kaltem Salzwasser gegeben. Wichtig ist, daß der Reis einige Zentimeter mit Wasser bedeckt ist. Das Wasser wird zum Kochen gebracht und der Reis darin bei mittlerer

Hitze und geöffnetem Topf 7 Minuten gekocht. Anschließend kommt er in ein Sieb und wird mit kaltem Wasser abgespült. Der Reis ist jetzt noch nicht ganz weich, sondern hat noch einen leicht körnigen Biß. Das Wasser muß gut abtropfen.

In den ausgespülten Reistopf gibt man soviel Pflanzenöl, daß der Topfboden ganz mit dem Öl bedeckt ist. Danach kommt der Reis aus dem Sieb wieder in den Topf. Mit dem Stiel eines Holzlöffels bohrt man schön verteilt mehrere Löcher in den Reis bis hinunter auf den Topfboden. Dadurch kann sich die Hitze später gleichmäßig im Topf verteilen. Auf keinen Fall darf der Reis dabei festgedrückt werden. Er soll vielmehr zur Mitte hin kegelförmig erhöht sein. Über den Reis gießt man dann noch 1/3 Tasse Wasser und verschließt den Topf mit einem in ein sauberes Küchentuch gewickelten Deckel. Diese Maßnahme verhindert ein Zurücktropfen des verdunstenden Wassers in den Topf, wodurch der Reis klebrig würde. Bei kleinster Hitze wird der Reis jetzt noch etwa 60 Minuten gedämpft. Nach dieser Zeit hat sich am Boden des Topfes eine knusprige Reisschicht, das Tahdig, gebildet. Ist der Reis perfekt gelungen, dann hat diese Schicht eine goldbraune Farbe. Sollte der Reis nach 60 Minuten noch nicht ganz weich sein, gibt man eine weitere 1/3 Tasse Wasser zu und läßt das Ganze nochmals etwa 30 Minuten dämpfen.

Zum Servieren wird der Reis auf eine große Platte verteilt und das in mehrere Stücke zerbrochene Tahdig um den Reis herum gelegt. Garnieren kann man den Reis mit Safran, dann wird er noch duftiger und erhält eine appetitliche Farbe. Dazu werden von dem fertig gekochten Reis 8 EL abgenommen und in einer kleinen Schüssel mit einem Safranaufguß (Herstellung siehe Seite 12) vermischt.

Die Zubereitung mag zunächst etwas aufwendig erscheinen, mit ein bißchen Übung geht es aber immer besser. Wer sich dennoch Arbeit sparen möchte, kann sich auch einen speziellen elektrischen Reiskocher, den „Polopaz", besorgen, den es in allen persischen Lebensmittelgeschäften zu kaufen gibt. Diese Töpfe haben den Vorteil, daß man nur den Reis und etwas Wasser zugeben muß. Ohne weiteres Zutun entsteht die gewünschte goldbraune Kruste. Der Reis wird aber nicht so schön locker wie bei der traditionellen Zubereitung.

Fladenbrot

Fladenbrot ist die wichtigste Beilage und wird zu jedem Gericht gegessen. Man kann damit die Saucen auftunken oder, indem man mit einem Brotstück eine Hohlform bildet, wie mit einem Löffel essen. Fladenbrot besteht aus einem Teig aus Weizenmehl und Wasser, der in einem speziellen Ofen hauchdünn ausgebacken wird. Man erhält Fladenbrot bei uns in persischen, türkischen und anderen orientalischen Lebensmittelgeschäften.

Gemüse

Von Aubergine bis Zucchini – ein persischer Gemüsemarkt bietet so ziemlich alles. Die Gemüseauswahl schwankt aber je nach Jahreszeit. Für die Rezepte dieses Kochbuches sollte möglichst frisches Gemüse verwendet werden. Daher ist es vorteilhaft, wenn man sich vor dem Kochen darüber informiert, ob das gewünschte Gemüse gerade Saison hat. Dieses Vorgehen garantiert nicht nur die Schonung des Geldbeutels, sondern auch eine vitaminreiche Ernährung.

Fleisch

An Fleischsorten werden diejenigen verwendet, die nach den islamischen Regeln zum Verzehr geeignet sind: Lammfleisch, Rind- und Kalbfleisch sowie Hammelfleisch sind die Basis der Fleischrezepte in diesem Kochbuch. Zudem findet man Gerichte mit Geflügelfleisch. Die Zubereitung ist sehr vielfältig. Es wird gebraten, gegrillt oder zusammen mit Gemüse oder Früchten gekocht. Schweinefleisch gilt als unrein und ist daher für die Gerichte in diesem Kochbuch tabu.

Fisch

Fisch ist sehr beliebt in Persien. Neben den Seefischen aus dem Kaspischen Meer sowie dem Persischen Golf werden auch Süßwasserfische aus Flüssen und Seen verspeist. Die Zubereitungsmöglichkeiten sind dabei sehr vielfältig. Sie reichen von Räuchern über Kochen bis Backen und Braten.

Die wichtigsten Zutaten

Hülsenfrüchte

Typische Gerichte, bei denen verschiedene Hülsenfrüchte Verwendung finden, sind die Aasch-Gerichte. Häufig verwendete Hülsenfruchtarten sind Kichererbsen, weiße Bohnen, Augenbohnen, gelbe Erbsen, rote Linsen sowie „Baghla", eine persische Dickbohnenart. Gerichte aus Hülsenfrüchten werden bevorzugt im Winter gegessen. Das hat mehrere Gründe. Zum einen sind Hülsenfrüchte vitaminreich und gut haltbar und ersetzen somit das im Winter knappe Gemüse. Zum anderen verbreiten sie eine wohlige Wärme. Genau das Richtige, wenn es in vielen Teilen des Iran im Winter bitterkalt wird.

Salate

Neben den frischen Kräutern werden auch Salate gegessen. Der bekannteste ist Salad Shirazi (Zubereitung siehe S. 22), ein einfacher Tomaten-Gurken-Salat, der im ganzen Land beliebt ist.

Obst

Von Aprikose bis Zitrone – die intensive Sonne und die fruchtbaren Böden lassen bei ausreichender Bewässerung die herrlichsten Früchte reifen. Das trockene Klima ermöglicht es, viele Früchte als Dörrobst zu lagern. Viele dieser Früchte sind wichtige Zutaten für verschiedenste Gerichte und geben diesen ihre meist süß-saure Note.

Kräuter und Gewürze

Die Vielfalt der verwendeten Kräuter und Gewürze bestimmt den unverwechselbaren Charakter der persischen Küche. Die wichtigsten, die auch in den Rezepten dieses Kochbuchs Verwendung finden, stellen wir Ihnen in diesem Kapitel kurz vor:

Kräuter

Kräuter als Beilage
Eine Mischung aus frischen Kräutern wird in einer Schale zu jedem Essen gereicht. Beliebt sind Basilikum, Petersilie, Schnittlauch, Kresse und Nanaminze. Zusätzlich serviert man Radieschen und rohe Zwiebelstücke, die man mit etwas Zitronensaft beträufelt und mit „Somagh", den zerriebenen Früchten des Sumachstrauches, bestreut.

Aasch-Kräutermischung
Die typische Aasch-Kräutermischung besteht aus fünf verschiedenen Zutaten, die auch bei uns bekannt sind: Schnittlauch, Dill und Petersilie werden mit Spinat und Koriander jeweils zu gleichen Teilen vermischt. Üblicherweise verwendet man frische, fein gehackte Kräuter. Selbstverständlich kann man auch getrocknete Kräuter, die man fertig gemischt in persischen Lebensmittelgeschäften erhält, verwenden.

Nanaminze
Nanaminze hat einen süßlicheren und aromatischeren Minzgeschmack als die schärfere Pfefferminze. Verwendung findet die Nanaminze in verschiedenen Gerichten der persischen Küche. Man erhält sie bei uns in persischen und orientalischen Lebensmittelgeschäften.

Bockshornklee
Bockshornklee ist auch als Schabziegerklee bekannt und findet bei uns vor allem als Gewürz in der Käseindustrie Verwendung. In der persischen Küche ist Bockshornklee Bestandteil einer Kräutermischung, die man für die Zubereitung von Khorescht-Gerichten verwendet.

Gewürze

Safran

Safran besitzt eine uralte Tradition als Würz- und Heilpflanze. Sein aromatischer Duft sowie seine appetitliche Farbe machen ihn zu einem der edelsten Gewürze der persischen Küche. Man verwendet Safran für die Zubereitung vieler Saucen, zur Herstellung von Süßspeisen und zum Verfeinern von Reis.

Gewonnen wird Gewürzsafran aus den Blütennarben des echten Safrans, einer Art der Pflanzengattung der Krokusse. Während der Blütezeit sind Hunderte von Pflückern am Werk, die die zarten orange-roten Blütennarben behutsam von Hand entfernen. Die aufwendige Erntearbeit macht Safran außerordentlich kostbar. Wegen des besseren Aromas sollte man immer ungemahlenen Safran verwenden, den man erst vor der Zubereitung selbst mahlt. Dazu wird der Safran zusammen mit 1 Messerspitze Zucker in einem Mörser fein zerrieben.

Für manche Gerichte ist es erforderlich, einen Safranaufguß herzustellen: der gemahlene Safran wird in ein Teeglas gefüllt und mit heißem Wasser übergossen, bis das Glas etwa zur Hälfte gefüllt ist. Das Teeglas mit dem Safranaufguß muß mit einer Untertasse abgedeckt werden, damit bis zum Abkühlen das Aroma nicht entweicht. Durch die flüssige Form verteilt sich das Safranaroma besser in den Speisen.

Kurkuma

Kurkuma, auch Gelbwurzel genannt, kam einst aus dem südasiatischen Raum nach Persien. Sie gehört zu den Ingwergewächsen und ist eine vielseitig verwendbare Gewürzpflanze mit einem charakteristischen gelben

Farbstoff. Curry besteht zum größten Teil aus Kurkuma. Die in der Pflanze enthaltenen ätherischen Öle sorgen für das typische Aroma, das aus der persischen Küche nicht wegzudenken ist.

Kardamom
Kardamom ist ein weiteres Ingwergewächs, das aus den Samen des Malabar-Ingwer gewonnen wird. Dieser stammt von der indischen Malabarküste und gelangte mit den Karawanen nach Persien. Kardamom ist ein wichtiges Gewürz bei der Zubereitung von Süßspeisen und Tees.

Curry
Die klassische indische Gewürzmischung findet auch in der persischen Küche Verwendung.

Zimt
Die feinste Zimtsorte ist der hellbraune, süßlich schmeckende Ceylon-Zimt. Dieser findet in der persischen Küche aber nicht nur zur Herstellung von Süßspeisen Verwendung, sondern gibt auch Pollo-Gerichten eine besondere Note.

Chili
Zum Schärfen der Gerichte werden meist getrocknete und geschrotete Chilies verwendet, wie man sie hierzulande aus den Döner-Kebab-Ständen kennt.

Weitere charakteristische Zutaten

Limo Amani
Limo Amani verwendet man für die Zubereitung verschiedener Saucen. Es handelt sich um luftgetrocknete, ganze Limonen, die den betreffenden Gerichten einen intensiven, säuerlichen Limonengeschmack verleihen.

Weitere charakteristische Zutaten

Rosenwasser
Rosenwasser ist ein Destillat aus Rosenblättern mit einem süßlichen Aroma, dem die meisten persischen Süßspeisen ihren unverkennbaren Geschmack verdanken.

Persische Datteln
Im Gegensatz zu den bei uns bekannten getrockneten Datteln, werden persische Datteln frisch verzehrt. Sie werden reif geerntet und anschließend gekühlt gelagert. Verwendet wird vorwiegend eine Sorte, die in den Oasen im Südosten des Iran geerntet wird. Die Datteln schmecken zuckersüß und saftig und werden für Süßspeisen verwendet. Auf jeden Fall sollte man sie auch pur probieren.

Alu Bokharai oder Alu Khoschk
Alu Bokharai sind getrocknete Mirabellen. Sie besitzen ein typisches süß-saures Aroma. Die Gerichte, für die man die getrockneten Mirabellen benötigt, lassen sich auch mit getrockneten Pflaumen zubereiten. Allerdings fehlt dann das leicht herbe Aroma der getrockneten Mirabellen.

Berberitze
Die Berberitze ist ein Sauerdorngewächs. Die dornigen Sträucher tragen rote, säuerlich schmeckende Beeren, die sowohl farblich als auch geschmacklich Akzente setzen. Nachdem sie in etwas Pflanzenöl angeröstet wurden, lassen sie sich hervorragend zum Garnieren von Reis verwenden. Die Beeren sind getrocknet erhältlich, wodurch sie sehr gut zu lagern sind.

Tamarindenpaste
Die Tamarinde ist die Frucht des Tamarindenbaumes (Tamarindus indica), auf arabisch tamr hindi (indische Dattel), ein zu den Johannisbrotgewächsen zählender, in Indien heimischer Baum mit gelben Blüten und braunen dicken Hülsenfrüchten. Man verwendet Früchte, die vor der Zubereitung in lauwarmem Wasser eingeweicht und anschließend von Hand durchgeknetet werden. Dadurch lösen sich die Früchte auf, übrig bleiben die Kerne, die abgesiebt werden. So erhält man eine säuerlich-herbe Flüssigkeit, die besonders bei der Zubereitung von Fischgerichten verwendet wird.

Mandeln, Pistazien, Haselnüsse, Walnüsse
Sie sind wichtige Zutaten für Süßspeisen. Gemahlen und in Öl angeröstet werden sie auch zum Garnieren von Reis verwendet. Manche Fleischgerichte verdanken ihr nussiges Aroma der Verwendung von Mandeln, Walnüssen oder Pistazien. Natürlich werden sie auch einfach zum Knabbern auf den Tisch gestellt, wenn man beim Tee zusammensitzt.

Getränke

Es gibt eine ganze Anzahl verschiedener Getränke, die gerne zu den Mahlzeiten getrunken werden. Die wichtigsten möchten wir Ihnen in diesem Kapitel kurz vorstellen:

Wasser
In einem wüstenhaften Klima ist Wasser keine Selbstverständlichkeit, sondern kostbarer als Gold. Daher sollte man es zu schätzen wissen, wenn man anstatt aufwendiger Getränke frisches Wasser angeboten bekommt.

Tee
An heißen Getränken wird fast ausschließlich schwarzer Tee getrunken. Dieser wird im Norden des Iran, am Kaspischen Meer, angebaut, von wo er in alle Teile des Landes geliefert wird. Er wird meist in einem Samowar zubereitet und sehr stark und gut gesüßt aus kleinen Teegläsern getrunken. Tee trinkt man aber nicht nur zu den Mahlzeiten, sondern auch während der Arbeit über den ganzen Tag verteilt. Mit etwas Nanaminze im Aufguß schmeckt er noch erfrischender. Beliebt ist auch Limonentee mit etwas getrockneter, zerriebener Limone oder Tee mit Kardamom.

Dugh
Dugh ist eine leicht salzige Buttermilch, die bei uns unter dem Namen Ayran bekannt ist. Dugh wird kalt getrunken, ist erfrischend und enthält viel Eiweiß. Häufig streut man auch ein paar Blättchen getrocknete Nanaminze in den Dugh.

Scharbat

Scharbat wird aus zuckersüßem Sirup, den man meist aus Früchten gewinnt, hergestellt. Den Sirup gibt man in ein Glas und verdünnt ihn mit kaltem Wasser. Es gibt Sharbat in vielen unterschiedlichen Geschmacksrichtungen. Je nach Verdünnung wird das Getränk mal süß und mal weniger süß.

Ein bekannter und im Sommer sehr beliebter Sharbat ist Sekandschabin. Für die Zubereitung benötigt man 1 l Essig, 1 kg Zucker, ¼ TL Zimt und 2 EL Nanaminze. Die Zutaten werden in einem Topf so lange gekocht, bis sich die Flüssigkeit zu einem Sirup eindickt. Diesen Sirup gibt man durch ein Sieb und füllt ihn in ein verschließbares Gefäß. So läßt er sich längere Zeit im Kühlschrank aufbewahren. Pro Glas wird 1 EL Sirup mit frischem, kaltem Wasser verdünnt. Sekandschabin ist sehr erfrischend und fördert die Verdauung. Pur eignet sich der Sirup als Dip-Sauce für grünen Salat.

Zitronensaft

Frisch gepreßter Zitronensaft mit Wasser und etwas Zucker ist wegen seiner erfrischenden Wirkung besonders im Sommer beliebt und gleichzeitig eine hervorragende „Vitamin C-Spritze".

Alkoholische Getränke werden niemals getrunken, da der Genuß von Alkohol im Iran strengstens verboten ist.

Wo erhält man die typisch persischen Zutaten ?

Die meisten Zutaten für die Rezepte in diesem Kochbuch sind in jedem Lebensmittelgeschäft erhältlich. Wegen der besseren Qualität und dem Nutzen für unsere Umwelt bietet es sich an, biologisch-dynamisch erzeugtes Gemüse zu bevorzugen. Einige spezielle Zutaten sind jedoch nicht überall erhältlich. Diese sind in den Rezepten mit dem Hinweis „in persischen Lebensmittelgeschäften erhältlich" gekennzeichnet, von denen es in Deutschland inzwischen eine ganze Anzahl gibt. Viele der typischen Zutaten sind aber auch in anderen orientalischen Lebensmittelgeschäften erhältlich.

Die Ausstattung der Küche

Eine iranische Küche unterscheidet sich in ihrer Ausstattung nicht wesentlich von einer deutschen Küche. Das bedeutet, daß man für die Zubereitung der Gerichte dieses Kochbuches keine besonderen zusätzlichen Küchen- oder Kochgeräte benötigt.

Für einige Kebab-Gerichte benötigt man jedoch spezielle Spieße, die man in persischen Lebensmittelgeschäften erhält.

Abkürzungen

In den Rezepten sind die Mengen- und Gewichtsangaben für die Zutaten folgendermaßen abgekürzt:

Abkürzung	Bedeutung
EL	Eßlöffel
TL	Teelöffel
kg	Kilogramm
g	Gramm
Tasse	entspricht ca. 125 ml (1/8 l)

Hinweise zur Aussprache

Die Schreibweise der persischen Wörter in diesem Kochbuch entspricht nach Möglichkeit der tatsächlichen Aussprache. Folgende Buchstabenkombinationen bedürfen allerdings einer kurzen Erläuterung:

Buchstaben-kombination	Beispiel	Aussprache
kh	Khorescht, Bokharai	ch, wie im deutschen Wort „machen"
gh	Dugh, Ghassemi	stimmloses, verschlucktes g
aa	Aasch	langes a, wie im deutschen Wort „Aal"
ou	Mou	das u am Schluß wird gesprochen
eh	Reschteh	das h am Schluß ist stimmhaft, wie im deutschen Wort „Haus"

Die Gerichte

Vorspeisen

Der gelungene Auftakt zu einem orientalischen Festmahl

Ähnlich wie in der französischen Küche, bestehen die Mahlzeiten in Persien häufig aus mehreren Gängen. Bei einem festlichen Anlaß ist dies sogar unverzichtbar. Zu Beginn steht dann die Vorspeise. Diese Vorspeise besteht aber nicht aus nur einem Gericht, sondern es werden mehrere verschiedene Vorspeisen zu einer Vorspeisenplatte kombiniert. So kann sich jeder nach Belieben seine Lieblingsvorspeisen zusammenstellen. Dazu ißt man Fladenbrot und frische Kräuter. Damit auch Sie Ihren Gästen eine reichhaltige Vorspeisenplatte servieren können, wollen wir Ihnen elf beliebte persische Vorspeisen vorstellen. Die Qual der Wahl haben Sie. Probieren müssen Sie sie alle.

Vorspeisen

SALAD SHIRAZI

Tomaten-Gurken-Salat

Salad Shirazi ist ein einfacher, frischer und sehr beliebter gemischter Salat, der in ganz Persien gerne gegessen wird.

Für die Zubereitung von Salad Shirazi benötigen Sie:

    1 Gurke
    2 Tomaten
    1 Zwiebel
    2 EL Zitronensaft
    2 EL Olivenöl
    Salz

Die Zubereitung:

Die Gurke und die Tomaten werden würfelförmig geschnitten und in eine Salatschüssel gegeben. Die Zwiebel fein würfeln und unter die Gurken und Tomaten mischen. Darüber gibt man das Öl und den Zitronensaft und schmeckt mit Salz ab.

ماست بادمجان

MAST E BADEMDSCHAN

Auberginen in Joghurt

Auberginen sind in Persien eine beliebte Zutat für diverse Vorspeisen. In der Kombination mit Joghurt und Knoblauch entsteht eine leichte Vorspeise mit einem frischen, aromatischen Geschmack, der Appetit auf mehr macht.

Für die Zubereitung von Mast e Bademdschan benötigen Sie:
(als Vorspeise für 4 Personen)

    1 Aubergine
    500 g Joghurt
    1 Knoblauchzehe
    Pfeffer
    Salz

Zubereitung:

Die Aubergine wird gewaschen, abgetrocknet und im vorgeheizten Backofen bei etwa 230°C (Grillstufe) auf den Gitterrost gelegt und etwa eine halbe Stunde gegart, bis sie weich ist und die Schale sich wellt. In der Zwischenzeit wird der Knoblauch so fein wie möglich gehackt.

Nachdem die Aubergine herausgenommen wurde, entfernt man den Strunk und zieht vorsichtig die Schale ab. Anschließend wird die Aubergine kleingeschnitten und zusammen mit dem Knoblauch sowie etwas Salz und Pfeffer in einer Schüssel zu einem Brei zerstampft. Zuletzt gibt man den Joghurt über die breiige Masse, rührt alles gut durch und schmeckt kräftig mit Salz und Pfeffer ab.

Vor dem Servieren muß Mast e Bademdschan noch einige Zeit im Kühlschrank kaltgestellt werden.

Vorspeisen

بادمجان باسبزی

BADEMDSCHAN BA SABSI

Gebackene Auberginen mit Kräutern

Bademdschan ba Sabsi ist eine pikante Vorspeise aus Auberginen, frischen Kräutern und Chili. Seine feurig-würzige Note läßt jedem das Wasser im Munde zusammenlaufen und bereichert jede Vorspeisenplatte.

Für die Zubereitung von Bademdschan ba Sabsi benötigen Sie:
(als Vorspeise für 4 Personen)

  2 mittelgroße Auberginen
  1 Bund Dill
  1 Bund Petersilie
  1 Bund Schnittlauch
  1 Bund Nanaminze oder Minze
  1 mittelgroße Zwiebel
  1 Knoblauchzehe
  1 rote Chilischote, mittelscharf
  Salz und Curry nach Geschmack

Zubereitung:

Die Auberginen werden geschält und der Länge nach halbiert. Anschließend werden sie mit einem Backpinsel mit etwas Pflanzenöl eingestrichen und zunächst beiseite gestellt. Als nächstes werden die Kräuter fein gehackt und die Zwiebeln, der Knoblauch und die Chilischote in feine Würfel geschnitten.

Nach den Vorbereitungen gibt man die Auberginen in den vorgeheizten Backofen und läßt sie etwa 25 Minuten bei 200°C garen, bis sie innen weich und außen bereits knusprig sind. In der Zwischenzeit erhitzt man 3–4 EL Öl in einer Pfanne und brät darin die fein gehackten Kräuter sowie die gewürfelten Zwiebeln, den Knoblauch und die Chilischote bei mittlerer Hitze etwa 15–20 Minuten unter Rühren kräftig an. Anschließend wird mit Salz und Curry, je nach Geschmack, kräftig gewürzt.

Nachdem die Auberginen aus dem Backofen genommen wurden, müssen die Schnittflächen mit der angebratenen Kräutermischung aus der Pfanne bestrichen werden. Zur Verfeinerung kann man auf jede Aubergine auch noch ein Stück Schafskäse legen. Danach gibt man die Auberginen nochmals 15 Minuten bei 200°C in den Backofen.

NAZ KHATUN

Auberginen-Spezialität mit frischem Granatapfelsaft

Naz Khatun ist eine sehr fruchtige und wohlschmeckende Vorspeise, die man an heißen Tagen im Sommer unbedingt probieren sollte. Mit seiner süß-sauren Note paßt Naz Khatun auch hervorragend zu Kebab und Reis.

Für die Zubereitung von Naz Khatun benötigen Sie:
(als Vorspeise für 4 Personen)

- 2 Auberginen
- 2 Fleischtomaten
- 1 Tasse frisch gepreßten Granatapfelsaft
- 2 EL Abgure (Saft der unreifen Weintrauben, in persischen Lebensmittelgeschäften erhältlich)
- 1 EL Majoran
- ½ EL getrocknete Minze
- 1 ½ EL geriebene Zwiebeln
- 1 EL zerhackte Walnußkerne
- Salz und Pfeffer nach Geschmack

Zubereitung:

Die Auberginen werden auf ein Backblech gelegt und im vorgeheizten Backofen bei 250°C ein halbe Stunde lang gegart. Dabei müssen die Auberginen hin und wieder gewendet werden, damit sie nicht auf einer Seite anbrennen. Wenn die Auberginen weich sind, nimmt man sie aus dem Backofen und schält sie. Anschließend werden sie mit einem scharfen Messer möglichst fein gehackt.

Um die Tomaten besser schälen zu können, gibt man sie nur kurz in einen Topf mit kochendem Wasser. Danach läßt sich die Schale ganz leicht mit einem Messer abziehen. Die geschälten Tomaten werden ebenfalls mit einem scharfen Messer möglichst fein gehackt.

Die zerhackten Auberginen gibt man in eine tiefe Pfanne und gießt den frisch gepreßten Granatapfelsaft sowie den Abgure dazu und rührt vorsichtig durch. Der Inhalt der Pfanne wird anschließend bei schwacher Hitze gedünstet.

Nach etwa 45 Minuten gibt man Mayoran, Minze und geriebene Zwiebeln sowie Salz und Pfeffer dazu und läßt alles 5 Minuten weiterdünsten. Danach wird die Pfanne vom Herd genommen, und man verteilt die zerhackten Fleischtomaten über die Auberginen. Zum Servieren gibt man das Ganze auf eine Platte. Vor dem Servieren kann man Naz Khatun nach Geschmack mit zerhackten Walnußkernen bestreuen.

MIRSA GHASSEMI

Auberginen-Omelette

Diese Vorspeise stammt ursprünglich aus der Stadt Rescht am Kaspischen Meer. Da Mirsa Ghassemi nicht nur sehr schmackhaft ist, sondern sich auch schnell zubereiten läßt, erfreut es sich aber in ganz Persien großer Beliebtheit. Mirsa Ghassemi kann als Vorspeise und auch als Beilage zu Fleischgerichten serviert werden.

Für die Zubereitung von Mirsa Ghassemie benötigen Sie:
(als Vorspeise für 4 Personen)

3 Auberginen
1 Knoblauchzehe
3 EL Öl
2 Eier
2 mittelgroße Tomaten
Salz und Pfeffer nach Geschmack

Zubereitung:

Die Auberginen werden auf ein Blech gelegt und im vorgeheizten Backofen bei 250°C etwa 30 Minuten gegart, bis sie schön weich sind. Währenddessen taucht man die Tomate kurz in kochendes Wasser, um sie anschließend problemlos schälen zu können. Nachdem die Auberginen aus dem Backofen genommen wurden, entfernt man den Strunk, zieht die Schale ab und hackt die geschälten Auberginen mit einem scharfen Messer so fein wie möglich. Auf die gleiche Weise zerkleinert man danach die Tomaten.

Der fein geschnittene Knoblauch wird in einer großen Pfanne kurz in Öl angebraten. Dahinein gibt man die zerkleinerten Auberginen und Tomaten, salzt und pfeffert das Ganze und läßt es so lange köcheln, bis die Flüssigkeit der Tomaten und Auberginen etwas eingekocht ist.

In der Zwischenzeit werden in einer Schüssel Eiweiß und Eigelb miteinander verquirlt.

Nachdem die Flüssigkeit in der Pfanne weitgehend eingekocht ist, werden Auberginen und Tomaten in die eine Hälfte der Pfanne geschoben. In die freigewordene Hälfte werden die verquirlten Eier gegeben. Wenn das Ei ein bißchen fester geworden ist, werden Eier, Auberginen und Tomaten gut miteinander vermischt und nochmals kurz angebraten.

Anschließend kann man Mirsa Ghassemi auf einer Servierplatte verteilen und mit Tomatenscheiben garnieren.

سالاد الویه

SALAD OLIWIEH

Salad Oliwieh ist nicht nur eine Gaumenfreude, sondern auch ein wahrer Augenschmaus und fehlt auf keiner persischen Vorspeisenplatte. Er besteht hauptsächlich aus Hähnchenfleisch, Kartoffeln und Erbsen. Diese Zutaten werden zu einer feinen Masse verarbeitet, wie ein Brot geformt und mit viel Sorgfalt garniert. Der Gastgeber serviert Salad Oliwieh allerdings nicht nur, um seinen Gästen die gebührende Wertschätzung entgegenzubringen, sondern auch ein wenig seines Stolzes wegen – kann der Gast daran doch erkennen, über wieviel Gefühl, Geschick und Phantasie sein Gastgeber in Sachen Zubereitung von Speisen verfügt.

Für die Zubereitung von Salad Oliwieh benötigen Sie:
(als Vorspeise für 4 Personen)

3 Hähnchenkeulen oder ½ Hähnchen
½ kg Kartoffeln
3 hartgekochte Eier
50 ml Mayonnaise
80 g grüne Erbsen
100 g Essiggurken
1 Karotte, 1 Zwiebel
2 Tomaten
1 EL Zitronensaft
½ Bund Petersilie
50 g Oliven
2 EL Olivenöl
Salz und Pfeffer

Zubereitung:

Damit das Hähnchenfleisch einen aromatischen Geschmack bekommt, wird es zunächst in einem Sud aus Zwiebeln, Karotten und Petersilie gekocht. Dazu schneidet man die Zwiebeln und die Karotten in große Stücke und gibt diese zusammen mit dem unzerkleinerten Bund Petersilie in einen ausreichend großen Topf mit gesalzenem Wasser. Anschließend wird das Hähnchen in den Topf gegeben und bei geschlossenem Deckel und mäßiger Hitze 45–60 Minuten weichgekocht. Sobald sich das Fleisch leicht von den Knochen lösen läßt, nimmt man das Hähnchen aus dem Sud heraus, läßt das Kochwasser abtropfen und legt es zum Abkühlen auf einen Teller.

Während das Hähnchen kocht, sollte man die zuvor geschälten Kartoffeln sowie die Erbsen weichkochen. Die Eier werden hart gekocht.

Ist das Hähnchen etwas abgekühlt, löst man das Hähnchenfleisch von den Knochen und achtet darauf, daß alle Knöchelchen und Knorpel entfernt werden. Anschließend wird das Fleisch kleingeschnitten. Wer die Haut des Hähnchens nicht mag, kann diese entfernen, was jedoch üblicherweise nicht gemacht wird.

Das kleingeschnittene Hähnchenfleisch gibt man zusammen mit den weichgekochten Kartoffeln und den hartgekochten Eiern in eine feste Schüssel und stampft bzw. passiert die Zutaten so fein wie möglich, so daß eine breiartige Masse entsteht. Anschließend werden etwa zwei Drittel der weichgekochten Erbsen, 2 in feine Würfel geschnittene Essiggurken, die Hälfte der Mayonnaise, der Zitronensaft sowie das Olivenöl dazugegeben und nochmals gut mit der Masse vermischt. Mit Salz und Pfeffer wird das Ganze abgeschmeckt. Die fertige Masse wird auf einem großen Teller oder einer ovalen Platte verteilt und in die Form eines Brotlaibes gebracht. Die Oberfläche der Masse streicht man mit einem Löffel glatt und verstreicht darauf die andere Hälfte der Mayonnaise in einer dünnen Schicht. Zum Schluß wird Salad Oliwieh mit den Tomaten, den Oliven, dem Rest der grünen Erbsen und mit Essiggurken garniert. Ihrer Phantasie sind dabei keine Grenzen gesetzt.

Vor dem Servieren muß Salad Oliwieh im Kühlschrank kaltgestellt werden. Am besten schmeckt Salad Oliwieh auf grünem Salat.

BAGHALI KHORESCHT (BAGHALI GHATOGH)

Dickbohnen-Spezialität

Ebenfalls aus der Region um die Stadt Rescht stammt das folgende Rezept. Die Baghla, eine dickliche Bohnenart, bestimmen Geschmack und Konsistenz dieses Gerichtes. Baghali Ghatogh ist sehr nahrhaft und war früher das Essen der armen Bauern und Hirten in den Bergregionen am Kaspischen Meer. Heute wird es als Vorspeise ebenso wie als Hauptgericht im Norden Persiens zubereitet.

Für die Zubereitung von Baghali Ghatogh benötigen Sie:
(als Vorspeise für 4 Personen)

140 g Baghla (spezielle Bohnenart, möglichst getrocknet, in persischen Lebensmittelgeschäften erhältlich)
1 ½ EL frischen, gehackten Dill
1 gehackte Knoblauchzehe
1–1 ½ EL Öl
⅔ TL Kurkuma
2 Eier
Salz und Pfeffer nach Geschmack

Zubereitung:

Bis auf die Eier gibt man sämtliche Zutaten für Baghali Ghatogh in einen großen Topf, in dem zuvor etwas Öl erhitzt wurde. Bei mittlerer Hitze schwenkt man die Zutaten einige Minuten im Öl, bis alles zart angeröstet ist. Wenn die Hitze zwischendurch zu groß wird, löscht man vorsichtig mit 1 bis 2 EL Wasser, damit die Zutaten nicht anbrennen. Danach gibt man so viel Wasser zu, daß die Zutaten gerade noch aus dem Wasser

herausschauen. Alles wird gut durchgemischt und bei geschlossenem Topf und geringer Hitze etwa 60–80 Minuten lang gekocht, bis die Bohnen schön weich, jedoch noch bißfest sind. Beim Kochen der Bohnen muß man darauf achten, daß immer genügend Wasser im Topf ist und die Zutaten nicht anbrennen. Gegebenenfalls zwischendurch immer wieder etwas Wasser zugeben und umrühren. Man muß aber darauf achten, daß die Zutaten nie ganz mit Wasser bedeckt sind.

Kurz vor dem Servieren schlägt man die beiden Eier in den Topf zu den Bohnen, mischt gut durch und läßt das Ganze noch 5–10 Minuten auf dem Herd, bis die Eier fest geworden sind. Anschließend mit Salz und Pfeffer abschmecken.

MAST O MUSIR

Wilder Knoblauch in Joghurt

Mast o Musir kombiniert die gesunden Inhaltsstoffe des herkömmlichen Knoblauchs mit dem wesentlich milderen Geschmack des Musir. Dieser ist bei uns in persischen Lebensmittelgeschäften erhältlich. Wilder Knoblauch in Joghurt schmeckt hervorragend zu gegrilltem Fleisch, als Dressing für grüne Salate oder einfach zu Fladenbrot.

Für die Zubereitung von Mast e Musir benötigen Sie:

> 120 g wilden Knoblauch (Musir, in persischen Lebensmittelgeschäften erhältlich)
> 1 kg Joghurt (3,5% Fett)

Zubereitung:

Die geschälten wilden Knoblauchzehen werden 2 Tage in einer abgedeckten Schüssel mit kaltem Wasser eingeweicht. In dieser Zeit muß das Wasser insgesamt 2–3mal gewechselt werden. Nach 2 Tagen gießt man das Wasser ab und spült den Knoblauch in einem Sieb mit frischem Wasser ab. Den Knoblauch kocht man dann 15 Minuten in einem Topf mit frischem Wasser. Anschließend wird der Knoblauch fein gehackt.

Zum Schluß gibt man den gehackten Knoblauch in eine Schüssel mit Joghurt, vermischt alles gut miteinander und läßt es noch 1–2 Tage im Kühlschrank ziehen.

TORSCHI

Eingelegtes Gemüse

Torschi ist in Persien eine traditionelle Form der Vorratshaltung. Durch das Einlegen verschiedener Gemüse in Essig und Gewürze bleibt das Gemüse aber nicht nur monatelang haltbar, sondern bekommt auch einen interessanten, feinsäuerlichen Geschmack. Dadurch eignet sich Torschi hervorragend als Beilage zu verschiedenen Speisen, ist aber auch wichtiger Bestandteil jeder Vorspeisenplatte.

Für die Zubereitung von Torschi benötigen Sie:

      frische Gewürzgurken
      kleine Auberginen
      Schalottenzwiebeln
      Blumenkohlröschen

      in ähnlichen Anteilen

Für das verwendete Gemüse lassen sich nur schwer Mengenangaben machen. Letztlich bleibt es jedem überlassen, welche Gemüsesorte bzw. wieviel Gemüse eingelegt werden soll.

Dazu kommen pro Glas:

> mehrere Knoblauchzehen
> mehrere grüne und rote Peperoni sowie Petersilie

Die Gesamtmenge an Gemüse und Gewürzen sowie des verwendeten Essigs richtet sich in der Hauptsache danach, wieviele Gläser bzw. welche Glasgrößen zum Einlegen der Gemüse vorgesehen sind.

Wichtig: Die verwendeten Gläser müssen auf jeden Fall über einen festschließenden Drehverschluß verfügen.

Zubereitung:

Die Gurken und die Auberginen werden gewaschen und in mehrere Stücke geschnitten, der Blumenkohl wird in einzelne Röschen zerpflückt, die Petersilie auseinandergezupft, und die Knoblauchzehen sowie die Schalotten werden geschält.

Anschließend füllt man die gut ausgespülten Gläser bis zum Rand mit dem vorbereiteten Gemüse auf und stellt sie in ein warmes Wasserbad, damit sie später beim Befüllen mit heißem Essig nicht springen.

In einem Topf so viel Essig erhitzen, wie man zum randvollen Auffüllen der mit Gemüse gefüllten Gläser benötigt. Sobald der Essig zu kochen beginnt, wird er von der Kochstelle genommen und langsam über das Gemüse gegossen. Dabei ist darauf zu achten, daß die Gläser befüllt werden, ohne daß sich Luftblasen bilden. Wenn die Gläser randvoll sind, verschließt man sie sofort mit dem Drehverschluß und läßt sie abkühlen. Das Gemüse sollte dann in den verschlossenen Gläsern etwa 3 Monate lang lagern. Nach dieser Zeit ist erst der volle Geschmack erreicht.

Zum Verzehr entnimmt man mit einem sauberen Löffel immer die Menge, die man verwenden möchte. Entnommenes Gemüse sollte nicht wieder eingelegt werden, um Verunreinigungen zu vermeiden. Anschließend kann das Glas wieder verschlossen werden, und das Gemüse bleibt ohne besondere Kühlung monatelang haltbar. Die Gläser sollten jedoch an einem kühlen Ort aufbewahrt werden. Wenn das Gemüse verbraucht ist, kann der restliche Gewürzessig als Salatdressing verwendet werden.

DOLMEH BARGE MOU

Gefüllte Weinblätter

Gefüllte Weinblätter sind eine klassische Vorspeise, die man im gesamten Orient kennt und fast in jeder Region nach einem eigenen Rezept zubereitet. Ein besonders leckeres Rezept stammt aus Nordpersien. Gefüllte Weinblätter können sowohl warm als auch kalt serviert werden.

Für die Zubereitung von Dolmeh Barge Mou benötigen Sie:

(als Vorspeise für 8 Personen)

500 g frische oder eingelegte Weinblätter
500 g Hackfleisch
1 Bund Schnittlauch
1 Bund Petersilie
1 Bund Nanaminze
1 Bund Dill
1 Bund Frühlingszwiebeln
150–200 g Basmati-Reis
2 Zwiebeln (gewürfelt und goldgelb gebraten)
½ Tasse frisch gepreßten Zitronensaft
3 EL Zucker
1 EL Tomatenmark
Öl
Salz und Pfeffer nach Geschmack

Dolmeh Barge Mou kann auch ohne Fleisch zubereitet werden. Die fehlende Fleischmenge wird dann durch Reis, Linsen und Kräuter ersetzt.

Zubereitung:

Zu Beginn müssen die Weinblätter vorbereitet werden. Verwendet man frische Weinblätter, so sind diese einige Minuten in Salzwasser zu dünsten, damit sie etwas weicher und geschmeidiger werden. Eingelegte Weinblätter legt man kurz in kochendes Wasser und spült sie mit kaltem Wasser ab, um sie von der Salzlake zu befreien. Die dicken Enden der Blattstiele werden entfernt.

Als weitere Vorbereitung gibt man den gründlich mit kaltem Wasser abgespülten Reis in einen mit Salzwasser gefüllten Topf. Nachdem das Wasser aufgekocht wurde, muß der Reis noch etwa 10 Minuten bei mittlerer Hitze weiterkochen.

Der Reis ist fertig, wenn er noch einen leicht körnigen Biß hat. Dann wird das Kochwasser abgesiebt, der Reis kurz mit kaltem Wasser abgespült und zunächst beiseite gestellt.

Als letzte Vorbereitung müssen die frischen Kräuter und die Frühlingszwiebeln so fein wie möglich gehackt werden.

Die Füllung:

Die gewürfelten Zwiebeln gibt man in eine Pfanne mit etwas Öl und brät sie darin goldgelb an. Anschließend werden die Zwiebeln herausgenommen und in der selben Pfanne das Hackfleisch in 2–3 EL Öl angebraten. Dann erst werden die vorher goldgelb gebratenen Zwiebelwürfel wieder dazugegeben. Wenn Zwiebeln und Hackfleisch gut angebraten sind, gibt man das Tomatenmark dazu, löscht das Ganze mit 1 Tasse Wasser, salzt und pfeffert nach Geschmack und vermischt alles gut miteinander. Nachdem die Hitzezufuhr verringert wurde, rührt man den frisch gepreßten Zitronensaft und den Zucker unter und läßt das Ganze dann bei niedrigster Hitze 15–20 Minuten köcheln. Während das Fleisch kocht, werden die Kräuter zusammen mit den Frühlingszwiebeln in 2 EL heißem Öl leicht angebraten.

Wenn das Fleisch nach 20 Minuten fertig ist, nimmt man die Pfanne vom Herd und mischt die angebratenen Kräuter mit den Frühlingszwiebeln darunter. Anschließend kommt der gekochte Reis hinzu, nochmals gut mischen und fertig ist die Füllung.

Das Füllen und Kochen der Weinblätter:

Die Weinblätter werden auf einer glatten Unterlage ausgebreitet und immer paarweise aufeinandergelegt. Darauf gibt man jeweils 1–1 ½ EL der Füllung in die Mitte der Weinblätter, rollt diese fest zusammen und drückt das Ganze etwas an. Wichtig ist, etwa 4 Weinblätter übrig zu lassen, die man später noch für das Auslegen des Topfes benötigt.

Als Tip: Eine besonders schmackhafte Variante erhält man, wenn man zu der Füllung saure, grüne Mirabellen in die Weinblätter mit einrollt.

Gekocht werden die Weinblätter in einem mit 3–4 EL Öl gefüllten Topf, der mit etwa 4 ausgebreiteten Weinblättern ausgelegt wurde. In diesen Topf legt man die gefüllten Weinblätter und gibt zum Schluß eine Tasse Wasser darüber. Die Weinblätter deckt man mit einem umgedrehten Teller ab, dessen Durchmesser etwas kleiner ist als der des Topfes. Auf diese Weise erreicht man, daß ein ständiger Druck auf die gefüllten Weinblätter ausgeübt wird, und verhindert damit, daß sie beim Kochen auseinanderfallen. Den Topf verschließt man anschließend mit einem Deckel, der zuvor in ein Geschirrtuch eingewickelt wurde. Bei kleinster Hitze müssen die Weinblätter mindestens 2 Stunden lang garen. Je länger die gefüllten Weinblätter garen, desto besser entfaltet sich hinterher das Aroma. Wichtig ist, immer wieder zu kontrollieren, ob noch genügend Wasser am Grund des Topfes vorhanden ist. Sollte das Wasser verdunstet sein, muß man zwischendurch nochmal eine halbe Tasse Wasser ergänzen.

DOLMEH KALAM

Kohlrouladen auf persische Art

Die Zubereitung von Dolmeh Kalam ist zwar etwas aufwendig, die Mühe wird aber durch eine vorzügliche Vorspeise belohnt. Eine Füllung aus Reis, Erbsen und Hackfleisch in Kombination mit getrockneten Mirabellen, den Alu Bokharai, gibt dieser Vorspeise ihren unverwechselbaren Geschmack. In Persien kommen Dolmeh Kalam an Festtagen oder beim Besuch besonders geschätzter Gäste auf die Vorspeisenplatte. Man kann sie aber ebensogut als Hauptspeise mit frischen Kräutern und Fladenbrot genießen.

In Persien werden Dolmeh Kalam meist in größeren Mengen zubereitet, als sie für die anstehende Mahlzeit benötigt werden. Dadurch spart man sich bei weiteren Mahlzeiten die Arbeit der Vorbereitung. Die fertigen, aber noch nicht gekochten, überzähligen Rouladen kann man wunderbar einfrieren und für weitere Anlässe aufbewahren.

Für die Zubereitung von Dolmeh Kalam benötigen Sie:

(als Vorspeise für 8 Personen)

500 g Rinderhackfleisch
1 mittelgroße Zwiebel
200 g gelbe Erbsen
250 g Basmati-Reis
1 mittelgroßen Kohlkopf (Weißkraut)
150 g Alu Bokharai (getrockete Mirabellen, in persischen Lebensmittelgeschäften erhältlich),
ersatzweise getrocknete Pflaumen
1 Bund Dill
½ Tasse frisch gepreßten Zitronensaft
2 TL Salz
1 TL Curry
1 TL Kurkuma
1 TL Pfeffer
1 ½ TL Zucker

Dolmeh Kalam kann auch ohne Fleisch zubereitet werden. Die fehlende Fleischmenge wird dann durch Reis, Linsen und Kräuter ersetzt.

Zubereitung:

Vorbereiten der Kohlblätter:

Zu Beginn gibt man den Kohlkopf in einen großen Topf mit Salzwasser, so daß er ganz mit dem Wasser bedeckt ist, und läßt ihn etwa 15 Minuten lang kochen. Nach dieser Zeit wird der Kohlkopf aus dem Topf herausgenommen, in eine Schüssel (oder ins Spülbecken) mit kaltem Wasser gelegt, und man beginnt, Blatt für Blatt des Kohlkopfes von außen nach innen abzutrennen, und legt die abgetrennten Blätter ins kalte Wasser, wo sie abkühlen können.

Auf diese Weise trennt man zunächst nur die äußeren Blätter vom Kohlkopf. Sobald das Abtrennen der innenliegenden Blätter schwieriger wird, gibt man den Kohlkopf erneut in das Salzwasser, läßt ihn nochmals 15 Minuten kochen und trennt wiederum die äußeren Blätter ab. Diesen Vorgang wiederholt man so oft, bis man genügend Blätter, pro Person rechnet man etwa mit drei Kohlblättern, abgetrennt hat. Beim Abtrennen muß man darauf achten, daß die Blätter nicht beschädigt werden und daß man sich nicht die Finger verbrennt.

Vorbereiten der Füllung:

In einem Topf mit Salzwasser kocht man die gelben Erbsen weich, was je nach Erbsenart etwa 30–40 Minuten dauert. In dieser Zeit wird in einem weiteren Topf mit Salzwasser der vorher gründlich mit kaltem Wasser abgespülte Reis nach dem Aufkochen noch etwa 10 Minuten bei mittlerer Hitze gekocht. Wenn der Reis gerade noch einen leicht körnigen Biß aufweist, wird das Wasser abgesiebt und der Reis kurz mit kaltem Wasser abgespült.

Zubereitung der Füllung:

Die weichgekochten gelben Linsen werden in einer Schüssel mit dem gekochten Reis vermischt. Dazu gibt man das rohe Hackfleisch, den fein gehackten Dill, die gewürfelten Zwiebeln und die Alu Bokharai (bzw. getrockneten Pflaumen) und würzt mit Curry, Kurkuma, Pfeffer und Salz. Anschließend alles von Hand sehr gut durchmischen und durchkneten, so daß eine homogene Masse, die Füllung, entsteht.

Füllen und Kochen der Kohlrouladen:

Die Kohlblätter werden zum Füllen aus dem kalten Wasser genommen und der harte Strunk der Blätter dreiecksförmig herausgeschnitten. Dadurch werden die Blätter elastischer und lassen sich später leichter rollen. Auf jedes Kohlblatt gibt man etwa eine Handvoll von der Füllung, klappt die Längsseiten der Blätter ein und rollt sie zusammen, so daß eine typische Rouladenform entsteht.

Die so vorbereiteten Kohlrouladen werden möglichst nebeneinander in einen großen Topf, in den zuvor 4 EL Öl gegeben wurden, gelegt. Dabei muß man aufpassen, daß die Rouladen nicht wieder aufgehen. Zur Vorsicht kann man die Rouladen mit etwas Zwirn zusammenbinden. Die Rouladen, die auf dem Topfboden keinen Platz mehr finden, werden auf die anderen Rouladen gelegt. Sollte etwas von der Füllung übrigbleiben, kann man diese einfach zu den Kohlrouladen in den Topf geben und mitkochen. Wenn noch Kohlblätter übrig sind, kann man diese kleinschneiden und ebenfalls mitkochen. Zum Schluß gibt man den Zitronensaft vermischt mit 1 TL Salz und 1 ½ TL Zucker sowie eine halbe Tasse Wasser über die Kohlrouladen. Die Kohlrouladen deckt man mit einem umgedrehten Teller ab, dessen Durchmesser kleiner ist, als der des Topfes.

Bei niedrigster Hitze und geschlossenem Topf (Deckel vorher mit einem Küchentuch umwickeln) muß das Ganze etwa 2 Stunden lang garen.

Kebab

Gegrillte oder gebratene Fleisch- und Geflügelspezialitäten

Wenn sich in warmen Nächten die Menschen in Persien vor ihren Häusern zum Essen versammeln, dann mischt sich meist der Duft von gegrilltem Fleisch in die laue Abendluft. Dann werden die verschiedensten Kebab-Gerichte auf dem Holzkohlegrill zubereitet, und die Familien sitzen zusammen mit ihren Gästen bis spät in die Nacht, denn es gibt immer viele Geschichten zu erzählen.

Für einige Kebab-Gerichte werden spezielle Fleischspieße verwendet. Sie erinnern eher an ein Schwert, als an einen Spieß, sind etwa 50 cm lang und haben eine flache, 2–2,5 cm breite Metallklinge. Der Vorteil dieser Fleischspieße liegt darin, daß man damit sehr dünne Fleischstücke grillen kann. Dadurch verkürzt sich die Grillzeit, und das Fleisch wird nicht trocken, sondern zart-knusprig. Diese Spieße sind in persischen Geschäften erhältlich.

Zu den folgenden Kebab-Gerichten serviert man Tschello-Reis (Zubereitung siehe S. 7) und Tomaten, die zuvor kurz auf den Grill gelegt wurden. Frische Kräuter und Fladenbrot dürfen ebenfalls nicht fehlen.

KEBAB SCHAMI

Frikadellen auf persische Art

Kebab Schami ist ein Kebab-Gericht, das ausnahmsweise nicht auf dem Grill, sondern ganz einfach in der Pfanne zubereitet wird. Pikant gewürztes Hackfleisch wird zu Fladen geformt und in der Pfanne gebraten. Man kann Kebab Schami zu Reis genießen oder als Vorspeise warm oder kalt servieren.

Für die Zubereitung von Kebab Schami benötigen Sie:
(für 4 Personen)

350 g Rinderhackfleisch
2 mittelgroße Zwiebeln
3 mittelgroße Kartoffeln
1 Knoblauchzehe
50 g Mehl oder Semmelbrösel
2 Eier
1 TL Curry
½ TL Chilis, geschrotet
½ TL Kurkuma
½ TL Ingwerpulver
1 EL Basilikum, gehackt
1 EL Petersilie, gehackt
Salz und Pfeffer nach Geschmack

Wenn Sie zu Kebab Schami eine fruchtige, würzige Sauce bereiten wollen, benötigen Sie ferner:

5 Tomaten
2 Paprika, rot
½ TL Salz
½ TL Curry
1 Zwiebel
2 EL Öl

Zubereitung:

Die Kartoffeln, die Zwiebeln und der Knoblauch werden geschält und mit einer Küchenreibe fein gerieben. Das Hackfleisch gibt man in eine Schüssel und mischt die geriebenen Zutaten unter. Anschließend werden die Eier, das Mehl, die Gewürze und die Kräuter hinzugegeben und das Ganze kräftig durchgeknetet.

Das so vorbereitete Hackfleisch bedeckt man mit einem Tuch und läßt es eine halbe bis eine Stunde stehen. Nach dieser Zeit werden handtellergroße, 1cm dicke Fladen geformt, die man gleichmäßig von beiden Seiten in heißem Öl goldbraun anbrät. Tip: Das Fleisch bleibt beim Formen der Fladen nicht an den Händen kleben, wenn man die Hände zwischendurch immer wieder mit warmem Wasser anfeuchtet.

Zubereitung der Sauce:

Die Zwiebel wird gewürfelt und in Öl goldbraun gebraten. Danach die geschälten und zerkleinerten Tomaten, die Gewürze und die in größere Stücke geschnittenen Paprikas dazugeben und das Ganze 20 Minuten bei geringer Hitze kochen lassen.

KEBAB BARG

Gegrillte „Fleischblätter" vom Kalb

Das in dünne Quadrate geschnittene Kalbfleisch, die „Blätter", auf einen flachen Spieß gesteckt und über dem Holzkohlefeuer gegrillt, ist wegen seiner schnellen, einfachen Zubereitung und seinem herrlich zarten Geschmack bei Festen und größeren Geselligkeiten sehr beliebt. Auch hierzulande eignet sich Kebab Barg hervorragend als Gaumenschmaus bei einem Fest im Freien.

Wichtig: Man benötigt für dieses Gericht die speziellen flachen persischen Spieße, auf die man die dünn geschnittenen Fleischscheiben aufspießen kann.

Für die Zubereitung von Kebab Barg benötigen Sie:
(für 4 Personen)

800 g zartes Kalbfleisch (Kalbsfilet) am Stück oder in 0,5 cm dünnen Scheiben
2 Zwiebeln
3 EL Olivenöl
Pfeffer und Salz

Zubereitung:

Das Fleisch muß am Vortag der Zubereitung in dünne, etwa 0,5 bis maximal 1 cm starke und etwa 6 cm große Quadrate geschnitten werden. (Sollte das dünne Abschneiden eventuell Schwierigkeiten bereiten, lieber das Fleisch gleich beim Metzger schneiden lassen. Die quadratische Form läßt sich dann leicht zu Hause herstellen). Die dünnen Fleischscheiben werden in eine Schüssel gelegt und mit den fein geriebenen Zwiebeln, etwas Pfeffer und dem Olivenöl vermischt. Dann wird die Schüssel abgedeckt und über Nacht in den Kühlschrank gestellt.

Zum Grillen werden immer 4 Fleischscheiben auf jeden Spieß gesteckt. Anschließend wird noch mit einem scharfen Messer mehrmals auf das Fleisch geklopft, damit es etwas eingeschnitten wird. Dies verringert die Grillzeit und macht das Fleisch zarter. Zum Schluß salzt man das Fleisch und legt die Spieße auf den Grillrost. Wichtig ist, daß die Spieße öfter gewendet werden und daß das Fleisch nicht zu lange gegrillt wird, damit es nicht trocken wird. Neben die Spieße kann man auch noch ein paar Tomaten- und Paprikastückchen und ganze Peperoni auf den Grill legen, die anschließend mit den Fleischspießen auf die Teller gegeben werden. Garniert wird mit Zwiebelringen und Petersilie. Zusätzlich kann man das Fleisch mit Somagh bestreuen.

DSCHUDSCHEHKEBAB

Gegrilltes Hähnchen (Hähnchenkebab)

Neben gegrilltem Kalbfleisch und gegrilltem Hammelfleisch wird in Persien auch gerne gegrilltes Geflügelfleisch gegessen. Damit das zarte Hähnchenfleisch beim Grillen nicht zu trocken wird, mariniert man es vorher. Wie? Das sagt das folgende Rezept:

Für die Zubereitung von Dschudschehkebab benötigen Sie:
(für 4 Personen)

    1 Hähnchen, ca. 1 kg
    2 EL Olivenöl
    2 EL frisch gepreßten Zitronensaft
    1 Zwiebel
    ½ TL Rosenpaprika
    ⅓ TL Safran, gemahlen
    Salz und Pfeffer nach Geschmack

Zubereitung:

Von den beiden Hähnchen werden die Schlegel und Flügel so abgetrennt, daß noch etwas vom Brustfleisch an den Flügeln bleibt. Anschließend löst man das restliche Brustfleisch von den Knochen und teilt es jeweils in 3 gleichgroße Stücke. Die Hähnchenteile gibt man in eine große Schüssel mit Olivenöl, frisch gepreßtem Zitronensaft, der fein geriebenen Zwiebel, dem Safran und den Gewürzen. Das Fleisch und die übrigen Zutaten in der Schüssel müssen gut miteinander vermischt werden, so daß jedes Fleischstück mit der Marinade Kontakt hatte. Vor dem Grillen sollten die Hähnchenteile 4–5 Stunden in dieser Marinade verbleiben, damit sich das Aroma voll entfalten kann.

Nach dieser Zeit werden die Hähnchenteile auf einen Spieß gesteckt und über einer kräftigen Glut gegrillt. Es empfiehlt sich, die Keulen, die Flügel sowie das Brustfleisch jeweils auf getrennten Spießen zu grillen, da die verschiedenen Hähnchenteile unterschiedliche Grillzeiten benötigen. Die Spieße während des Grillens öfter wenden und das Fleisch mehrmals zwischendurch mit der Marinade bestreichen, damit es von allen Seiten gleichmäßig knusprig und goldgelb wird.

کباب سیخی

KEBAB SIKHI

Kalbsspieß auf persische Art

Wenn man sich wie bei Kebab Sikhi die Mühe macht, vor dem Grillen das Fleisch über Nacht in eine Mischung aus Joghurt, Safran und Zitrone einzulegen, wird man mit einem außergewöhnlichen Genuß belohnt. Das Fleisch bleibt beim Grillen saftig, nimmt eine goldgelbe Farbe an und ist an Zartheit kaum zu überbieten.

Für die Zubereitung von Kebab Sikhi benötigen Sie:
(für 4 Personen)

> 500 g Kalbsfilet
> 1 rote Paprika
> 1 grüne Paprika
> 120 g Zwergzwiebeln
> 8 kleine Tomaten
> (oder Cocktailtomaten)
> ½ Tasse Joghurt
> 1 EL geriebene Zwiebeln
> 1 EL frischen Zitronensaft
> ½ TL Safran, gemahlen
> Salz und Pfeffer nach Geschmack

Zubereitung:

Als erstes wird der gemahlene Safran in einem Teeglas mit einer viertel Tasse heißem Wasser übergossen, damit er sein Aroma besser entfaltet. Während der Safranaufguß ein paar Minuten zieht, deckt man das Teeglas ab, um zu verhindern, daß das Aroma entweicht. Der Safranaufguß wird anschließend zu dem Joghurt in eine Schüssel gegeben, wo beides gut miteinander vermischt wird. Dazu gibt man die geriebenen Zwiebeln, Salz und Pfeffer und den Zitronensaft und mischt nochmals alles gut durch.

In dieser Schüssel mit dem vorbereiteten Joghurt wird das in kleine, würfelförmige Stücke geschnittene Kalbsfilet über Nacht etwa 10–12 Stunden eingelegt. Dadurch wird das Fleisch später beim Grillen besonders aromatisch, saftig und zart.

Vor dem Grillen schält man die Zwergzwiebeln und schneidet die Paprikaschoten in Stücke. Danach werden die Spieße vorbereitet, indem man abwechselnd Fleischstücke, Tomaten, Paprikastücke und Zwiebeln aufspießt. Anschließend werden die Spieße über einer starken Glut gegrillt und dabei öfter gewendet.

Wenn das Fleisch durchgebraten ist, legt man die Spieße auf ein Tablett und läßt etwas Butter darauf zergehen. Das verfeinert nochmals den Geschmack.

KEBAB KUBIDE

Hackfleischspieß

Kebab Kubide ist ein einfaches aber sehr beliebtes persisches Grillgericht. Hammelfleisch alleine wäre zu fettig, daher ergibt sich die interessante Mischung von Hammel- und Rinderhackfleisch, die dem Gericht seinen typischen Geschmack verleiht.

Wichtig: Man benötigt für dieses Gericht die speziellen flachen persischen Spieße, auf die man das Hackfleisch aufspießen kann.

Für die Zubereitung von Kebab Kubide benötigen Sie:
(für 6 Personen)

500 g Hammelfleisch
500 g Rindfleisch
3–4 mittelgroße Zwiebeln
Salz und Pfeffer nach Geschmack
⅓ TL Hausnatron

Zubereitung:

Wenn man im Besitz eines Fleischwolfes ist, empfiehlt es sich, das je zur Hälfte aus Rindfleisch und Hammelfleisch gemischte Hackfleisch zu Hause selbst herzustellen. Das Hackfleisch sollte so fein wie möglich sein und muß daher mindestens zweimal durch den Fleischwolf gedreht werden. Ansonsten kann man sich das Fleisch auch beim Metzger vorbereiten lassen.

Zu dem gut gemischten Hackfleisch gibt man die ganz fein geriebenen Zwiebeln, salzt und pfeffert nach Geschmack und mischt alles nochmals gut durch.

Anschließend wird das Hackfleisch folgendermaßen auf die Spieße gegeben: Pro Spieß wird das Hackfleisch in der halben Länge des Spießes und in einer Breite von ca. 3 cm auf einer glatten Unterlage flach ausgebreitet. Der Spieß wird dann vorsichtig in Längsrichtung in das Hackfleisch hineingeschoben, bis er auf beiden Seiten etwa 10 cm herausschaut (siehe Bild S. 60). Anschließend wird das Fleisch mit angefeuchteten Händen festgedrückt.

Über einer starken Glut grillt man das Fleisch außen knusprig. Dabei die Spieße öfter wenden.

Das häufige Wenden der Spieße ist wichtig, damit alle Seiten gleichmäßig fest werden und das Hackfleisch nicht auseinanderfällt.

Vor dem Servieren gibt man etwas frische Butter auf jeden Spieß.

Maahi – Fischgerichte

**Zwischen Kaspischem Meer
und Persischem Golf**

So unterschiedlich wie die persischen Küsten – feucht und fruchtbar am Kaspischen Meer, trocken und heiß am Persischen Golf – so vielfältig sind auch die Fischgerichte Persiens.

Beliebte Fischgerichte, die auch im Landesinneren gern gegessen werden, sind Galieh Maahi, Maahi e Sorkhschodeh und Sorkhu.

SORKHU

Gebackener Redsnapper, gefüllt

Sorkhu ist eine Fischspezialität, wie sie traditionell am Persischen Golf zubereitet wird. Die Besonderheit dieses Gerichtes liegt darin, daß die Fische vor dem Backen mit einer exotischen Füllung gefüllt werden. Dadurch erhalten sie einen unnachahmlichen Geschmack.

Für die Zubereitung von Sorkhu benötigen Sie:
(für 4 Personen)

4 frische Redsnapper mittlerer Größe
(je etwa 250–300 g, ersatzweise können Lachsforellen verwendet werden)
2 Knoblauchzehen
80 g Koriander, getrocknet
1 mittelgroße Zwiebel
40 g Bockshornklee, getrocknet
1 rote Peperoni, mittelscharf
100 g Tamarindenpaste
1 TL Curry
4 EL Öl
½ EL Mehl

Zubereitung:

Zu Beginn der Zubereitung gibt man die Tamarindenpaste in 1 ½ Tassen Wasser. Nach etwa 30 Minuten wird mit den Fingern gut durchgeknetet, bis sich Kerne und Schalen trennen. Die Tamarindenkerne werden abgesiebt, die Flüssigkeit in einer Schüssel aufgefangen und zur weiteren Verwendung beiseite gestellt. Wenn Sie getrocknete Kräuter verwenden, so müssen diese ebenfalls 30 Minuten vor der Zubereitung in eine Schale mit kaltem Wasser gelegt werden. Das Wasser wird vor der Verwendung der Kräuter abgesiebt.

Nach diesen Vorbereitungen kann mit der Herstellung der Füllung begonnen werden. Dazu erhitzt man 4 EL Öl in einer Pfanne und brät darin die gewürfelte Zwiebel zusammen mit dem fein gehackten Knoblauch, den Kräutern und der gehackten Peperoni goldgelb an. Das Mehl unterrühren und anschließend die Hitze verringern. Dazu gibt man die durchgesiebte Tamarindenpaste und würzt mit Curry, Salz und Pfeffer. Das Ganze bei geringer Hitze etwa 20 Minuten köcheln lassen, bis sich die Flüssigkeit eindickt. Dabei hin und wieder umrühren. Die Masse muß so fest sein, daß die Fische damit gefüllt werden können, ohne daß wieder etwas herausläuft.

Noch während die Füllung einkocht werden die Fische gesäubert und mit einem Tuch trockengetupft. Die Haut der Fische ritzt man mit einem scharfen Messer schräg zur Längsachse leicht ein. Die so vorbereiteten Fische füllt man mit der eingedickten Masse und verschließt die Bäuche mit einem oder zwei Zahnstochern.

Die gefüllten Fische legt man nebeneinander in eine feuerfeste Form, bestreicht sie mit Pflanzenöl und salzt und pfeffert. Danach werden sie 45 Minuten bei 170–190°C gebacken.

Dazu serviert man am besten Basmati-Reis und Torschi.

GHALIEH MAAHI

Seelachsfilet gekocht in Kräutersauce

Die Mischung aus frischen Kräutern und der süß-saure Geschmack der Tamarinde geben dieser Fischspezialität ihren besonderen Charakter.

Für die Zubereitung von Ghalieh Maahi benötigen Sie:
(für 4 Personen)

    400 g Seelachsfilet oder Seehechtfilet
    150 g Tamarindenpaste
    2 Bund Petersilie
    2 Bund Minze
    2 Bund Koriander
    20 g Bockshornklee
    1 rote Chilischote
    3 Knoblauchzehen
    1 TL Curry
    ½ EL Mehl
    ½ EL Tomatenmark

½ Liter Wasser
1 mittelgroße Zwiebel
Salz, Pfeffer

Zubereitung:

Die Tamarindenpaste läßt man etwa eine halbe Stunde in einem Topf mit einem halben Liter lauwarmen Wassers aufweichen. Anschließend wird die Tamarindenpaste zwischen den Fingern zerrieben und mit dem Einweichwasser zu einer sirupartigen Konsistenz verrührt. Die Kerne und Schalen, die in diesem Sirup noch enthalten sind, müssen vor der weiteren Verarbeitung herausgesiebt werden. Übrig bleibt eine saure Flüssigkeit, die zunächst beiseite gestellt wird.

Als weitere Vorbereitung hackt man die frischen Kräuter ganz fein und vermischt sie gut miteinander. Sollten die Kräuter nicht frisch erhältlich sein, so können auch getrocknete verwendet werden. Dazu gibt man etwa 50 g getrocknete Kräuter im gleichen Mischungsverhältnis der frischen Kräuter in etwas Wasser und läßt diese eine halbe Stunde einweichen. Dadurch entfaltet sich später das Aroma besser. Anschließend werden die Kräuter in ein Sieb gegeben, damit das Wasser gut abtropfen kann.

Zu Beginn des eigentlichen Kochvorganges werden Zwiebel, Knoblauchzehen und die Chilischote in feine Würfel geschnitten. Die Zwiebelwürfel zusammen mit dem Mehl in einem mittelgroßen Topf in etwas Pflanzenöl anschwitzen und das Tomatenmark dazugeben. Danach werden bei mittlerer Hitze die vorbereiteten Kräuter untergerührt. Damit nichts anbrennt, muß hin und wieder umgerührt werden. Zu den Kräutern gibt man dann die durchgesiebte Tamarinde und rührt mit dem Kochlöffel alles gut durch. Nun noch Curry und nach Geschmack Salz und Pfeffer dazugeben und aufkochen lassen. Zum Schluß wird das Seelachsfilet (Seehechtfilet) dazugegeben. Das Ganze läßt man dann bei geschlossenem Topf und geringer Hitze noch etwa 1 Stunde köcheln.

Als Beilage serviert man Basmati-Reis und frische Kräuter.

MAAHI E SORKHSCHODEH

Gebratenes Seelachsfilet

Maahi e Sorkhschodeh ist ein einfaches und sehr beliebtes Fischgericht, das sehr gerne zu Baghali Pollo (siehe S. 87) gegessen wird.

Für die Zubereitung von Maahi e Sorkhschodeh benötigen Sie:

    800 g Rotbarschfilet
    1 TL Curry
    1 TL Kurkuma
    1 TL Rosenpaprika, scharf
    ½ TL Pfeffer
    ½ TL Salz
    3 EL Mehl

Die Zubereitung:

Die Fischfiletstücke werden abgespült und mit einem Küchentuch trockengetupft. Bei Verwendung von gefrorenem Fisch muß man diesen vorher auftauen lassen. Die Gewürze und das Mehl werden gut miteinander vermischt und auf einem flachen Teller verteilt. Darin werden die Fischfilets gewendet und anschließend in einer Pfanne, die etwa einen halben Zentimeter mit Öl gefüllt ist, von beiden Seiten goldbraun gebraten.

Außer Baghalipollo kann man dazu auch Tschello-Reis sowie Salate oder frische Kräuter servieren.

Khorescht

Gemüse-Fleisch-Gerichte aus dem Topf

Khoreschte sind Gerichte, bei denen das Fleisch nach kurzem, starkem Anbraten zusammen mit Gemüse und einer Anzahl weiterer Zutaten mindestens 1 Stunde bei schwacher Hitze und geschlossenem Topf gekocht wird. Dadurch entfaltet sich das Aroma und der Duft der orientalischen Zutaten am besten. Dazu serviert man üblicherweise Reis als Tschello (Zubereitung siehe S. 7) sowie die obligatorischen Kräuter und Fladenbrot.

Die folgende Rezeptauswahl versucht der Vielfalt der Khorescht-Gerichte Rechnung zu tragen.

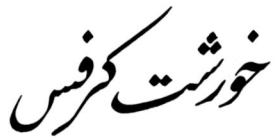

KHORESCHT E KARAFS

Lammfleisch in Selleriesauce

Durch die Verwendung von Sellerie und getrockneten Limonen erhält Khorescht e Karafs sein würziges und zugleich fruchtig-herbes Aroma, das sich ausgesprochen harmonisch mit dem Geschmack des Lammfleisches verbindet.

Für die Zubereitung von Khorescht e Karafs benötigen Sie:
(für 4 Personen)

 300 g Lammfleisch (aus der Keule oder Schulter)
 ½ Bund Staudensellerie
 1 Bund Dill
 1 Bund Schnittlauch
 1 Bund Petersilie
 1 mittelgroße Zwiebel
 3 getrocknete Limonen
 1 Knoblauchzehe
 1 ½ Tassen Wasser
 1 TL Rosenpaprika
 1 TL Kurkuma
 1 TL Curry
 Salz und Peffer

Zubereitung:

Das Lammfleisch wird in etwa 3 cm große Würfel geschnitten. Der Staudensellerie wird gewaschen und ebenfalls etwa so groß wie die Fleischstücke gewürfelt. Die Zwiebeln und der Knoblauch werden dagegen möglichst fein gewürfelt. Dill, Schnittlauch und Petersilie waschen und fein hacken.

In einen Topf gibt man etwas Öl und brät darin das Fleisch bei starker Hitze kurz an. Anschließend nimmt man die Fleischwürfel heraus und stellt sie für einen Moment beiseite. Im gleichen Öl werden nun die gewürfelten Zwiebeln angebraten. Erst dann gibt man die fein gehackten Kräuter dazu und brät sie einen Moment mit an, bevor man das Fleisch wieder dazugibt. Im geschlossenen Topf und bei geringerer Hitze läßt man alles zusammen einige Minuten weiterbraten. Anschließend wird mit 1 ½ Tassen Wasser gelöscht. Die getrockneten Limonen werden ringsum mit einem scharfen Messer eingeritzt, damit sich später ihr

Aroma besser entfalten kann, und zu den gebratenen Fleischwürfeln bzw. zu der Kräutersauce in den Topf gegeben. Dann würzt man mit Paprika, Kurkuma, Pfeffer und Curry und läßt das Ganze bei niedrigster Hitze 1 Stunde schmoren. Etwa eine halbe Stunde vor dem Servieren gibt man den gewürfelten Sellerie in den Topf zu dem Fleisch. Zum Schluß wird mit Salz abgeschmeckt.

KHORESCHT ALU BA MORK

Gekochtes Hähnchen in Mirabellensauce

Khorescht Alu ba Mork verbindet zartes Hähnchenfleisch mit einer süß-sauren Sauce, der die getrockneten Alu Bokharai, die getrockneten Mirabellen, ihren besonderen Geschmack verleihen.

Für die Zubereitung von Khorescht Alu ba Mork benötigen Sie:
(für 4 Personen)

  1 Hähnchen (ca. 1 kg)
  300 g Alu Bokharai (getrocknete Mirabellen, in persischen Lebensmittelgeschäften erhältlich)
  1 mittelgroße Zwiebel
  ⅓ TL Safran, gemahlen
  1 EL Zucker
  ½ TL Curry

سالاد شیرازی
SALAD SHIRAZI
Tomaten-Gurken-Salat

Rezept siehe Seite 22

میرزا قاسمی
MIRSA GHASSEMI
Auberginen-Omelette

Rezept siehe Seite 26

باقلی خورشت
BAGHALI KHORESCHT (BAGHALI GHATOGH)
Dickbohnen-Spezialität

Rezept siehe Seite 30

بادمجان با سبزی
BADEMDSCHAN BA SABSI
Gebackene Auberginen mit Kräutern

Rezept siehe Seite 24

½ TL Kurkuma
2–3 EL Öl
Salz und Pfeffer nach Geschmack

Zubereitung:

Zuerst wird das Hähnchen in 8 größere Stücke zerteilt. Diese Hähnchenteile werden zusammen mit den vorher fein gewürfelten Zwiebeln in einem Topf mit 2–3 EL Öl angebraten. Anschließend füllt man den Topf mit Wasser auf, bis die Hähnchenstücke bedeckt sind. Das Wasser zum Kochen bringen und 15 MInuten kochen lassen. Danach werden die getrockneten und vorher gewaschenen, abgetropften Mirabellen zusammen mit Zucker, Safran, Curry und Kurkuma dazugegeben. Nach Geschmack salzen und pfeffern und 1 Stunde bei geringer Hitze schmoren lassen, bis das Hähnchen ganz zart ist und das Aroma der Gewürze aufgenommen hat.

KHORESCHT E BAADAAM WA PESTEH

Gulasch mit gestifteten Mandeln und Pistazien

Khorescht e Baadaam wa Pesteh ist eine Spezialität aus der Region um Bakhtaran (Khermanschah) und erfreut sich in ganz Persien großer Beliebtheit. Die Sauce hat ein nussiges Aroma, das sehr gut zum Geschmack des saftigen Fleisches paßt.

Für die Zubereitung von Khorescht e Baadaam wa Pesteh benötigen Sie:
(für 4 Personen)

500 g Hammelfleisch oder Kalbfleisch, gewürfelt
150 g gestiftete Mandeln
150 g Pistazienkerne
2 EL Öl
1 ½ TL Tomatenmark
1 mittelgroße Zwiebel

½ TL Safran
1 EL Butter
⅔ TL Curry
½ TL Kurkuma
Salz und Pfeffer nach Geschmack

Zubereitung:

In einem Topf mit Öl werden die Fleischstücke zusammen mit der gewürfelten Zwiebel bei starker Hitze kurz angebraten. Anschließend gibt man unter Rühren das Tomatenmark dazu. Mit Curry, Kurkuma und Pfeffer würzen und nach Geschmack salzen. Das Fleisch wird dann mit 2 Tassen Wasser gelöscht, das Wasser anschließend aufgekocht und alles bei geschlossenem Topf 30–40 Minuten gekocht.

In der Zwischenzeit werden die gestifteten Mandeln und die Pistazienkerne bei mittlerer Hitze in der zerlassenen Butter angeröstet. Dazu gibt man den gemahlenen Safran. Anschließend wird das Ganze zum Fleisch gegeben und muß bei geschlossenem Topf und geringer Hitze noch etwa 1 Stunde kochen.

KHORESCHT E GHORMEH SABSI

Gulasch in Kräutersauce mit Schwarzaugenbohnen

Khorescht e Ghormeh Sabsi ist eine der bekanntesten persischen Spezialitäten, einfach in der Zubereitung und in allen Regionen Persiens beliebt. Die spezielle Kräutermischung und der säuerliche Geschmack der Limo Amani (getrocknete Limonen) zaubern ein köstliches, frisches Aroma.

Für die Zubereitung von Khorescht e Ghurmeh Sabsi benötigen Sie:
(für 4 Personen)

500 g Hammelfleisch ohne Knochen
250 g Schwarzaugenbohnen,
ersatzweise rote Bohnen
5 Limo Amani (getrocknete Limonen,
in persischen Lebensmittelgeschäften
erhältlich)

جوجه کباب

DSCHUDSCHEHKEBAB
Gegrilltes Hähnchen (Hähnchenkebab)

Rezept siehe Seite 43

کباب کوبیده

KEBAB KUBIDE
Hackfleischspieß

Rezept siehe Seite 45

کباب برگ

KEBAB BARG
Gegrillte „Fleischblätter" vom Kalb

Rezept siehe Seite 41

2 mittelgroße Zwiebeln
4 EL Öl
1 TL Curry
Salz und Pfeffer nach Geschmack
60 g Kräutermischung aus Schnittlauch, Petersilie und Bockshornklee (als fertige Mischung in getrockneter Form in persischen Lebensmittelgeschäften erhältlich)

Man kann auch frische Kräuter selbst mischen. Dann benötigt man jeweils 2 Bund und muß die Kräuter fein hacken.

Zubereitung:

Das Hammelfleisch in mittelgroße Würfel schneiden und zusammen mit den gewürfelten Zwiebeln in Öl bei starker Hitze kurz anbraten. Die gehackten Kräuter dazugeben, gut verrühren und kurz mit anbraten.

Werden getrocknete Kräuter verwendet, müssen diese vorher in Wasser eingeweicht werden. Vor der Zugabe zum Fleisch das Wasser absieben und die Kräuter abtropfen lassen.

Mit 3 Tassen Wasser löschen, das Wasser zum Kochen bringen und die Schwarzaugenbohnen in das kochende Wassser geben. Anschließend gibt man die Gewürze und die Limo Amani dazu. Das Ganze wird dann 1 ½–2 Stunden bei schwacher Hitze und geschlossenem Topf gegart. Mit Salz und Pfeffer abschmecken.

KHORESCHT E BAMIEH

Gekochtes Hammelfleisch mit Bamieh (Okrabohnen)

Bamieh sind bei uns besser bekannt als Okrabohnen und im gesamten Mittleren Osten ein beliebtes Gemüse. Die Zubereitung zusammen mit Hammelfleisch, wie in Khorescht e Bamieh, ist eine klassische Kombination und weit über die Grenzen Persiens hinaus bekannt.

Für die Zubereitung von Khorescht e Bamieh benötigen Sie:
(für 4 Personen)

    500 g Hammelschulter ohne Knochen
    1 mittelgroße Zwiebel
    500 g frische Bamieh (Okrabohnen)
    (oder aus der Dose, dann benötigt man
    eine 1 kg-Dose)
    4 frische Tomaten
    1 EL Tomatenmark
    2 EL Zitronensaft
    1 TL Curry
    3 EL Öl
    Salz und Pfeffer nach Geschmack

Zubereitung:

Das Hammelfleisch wird in gulaschgroße Würfel geschnitten und gewaschen. Das Wasser abtropfen lassen und das Fleisch kurz beiseite stellen. In einem Fleischtopf werden die gewürfelten Zwiebeln goldbraun angebraten, das vorbereitete Fleisch hinzugegeben und einige Minuten mit den Zwiebeln bei starker Hitze kurz angebraten. Das Ganze wird mit 3 Tassen Wasser gelöscht und anschließend bei geringer Hitze und geschlossenem Topf etwa 45 Minuten gekocht.

Während das Fleisch kocht, werden die Bamiehs (Okrabohnen) vorbereitet.

Verwendet man frische Bamiehs, so werden diese zunächst gewaschen und anschließend in einem Topf in etwas Salzwasser 20 Minuten gedünstet. Die Bamiehs dürfen nicht zerkleinert werden. Ebenso ist darauf zu achten, daß sie nicht zu weich werden, da sie sonst später zerfallen und das Gericht nicht die gewünschte Konsistenz erhält. Sind die Bamiehs aus der Dose, dann werden sie

ماهی سرخ شده

MAAHI E SORKHSCHODEH
Gebratenes Seelachsfilet

Rezept siehe Seite 51

مرغ پخته با کاری

MORK E POCHTE BA CORRY
Geschmortes Hähnchen in Curry

Rezept siehe Seite 107

باقلی پلو

BAGHALIPOLLO
Dickbohnenpollo mit Dill

Rezept siehe Seite 87

nur in ein Sieb gegeben und mit kaltem Wasser abgespült.

Nach etwa 45 Minuten Kochzeit werden die zerkleinerten Tomaten sowie Tomatenmark und Zitronensaft ans Fleisch gegeben. Mit Curry, Pfeffer und Salz würzen. Langsam umrühren und nochmals 20 Minuten bei geringer Hitze köcheln lassen. Erst dann kommen die vorbereiteten Bamiehs zum Fleisch und werden mit der Sauce vermischt. Das Ganze muß noch etwa 10 Minuten bei geringer Hitze ziehen, dann kann serviert werden.

TASKEBAB

Lammeintopf

Taskebab ist ein köstlicher Lammfleisch-Kartoffel-Auflauf. Durch die Quitten und die getrockneten Pflaumen entsteht ein faszinierend fruchtiger Geschmack. Die Zutaten werden, ähnlich wie bei den Pollo-Gerichten, in einem Topf geschichtet und zusammen gegart. Dabei vermischt sich das Aroma der fein aufeinander abgestimmten Zutaten.

Für die Zubereitung von Taskebab benötigen Sie:
(für 4 Personen)

500 g Lammschulter
300 g Kartoffeln
300 g Quitten
200 g getrocknete Pflaumen
2 Zwiebeln, mittelgroß
1 EL Tomatenmark
1 EL Limonenpulver

1 TL Curry
1 TL Kurkuma
3 EL Öl
Salz und Pfeffer nach Geschmack

Zubereitung:

Zur Vorbereitung des Schichtens müssen die getrockneten Pflaumen gründlich gewaschen werden. Die Zwiebeln werden geschält und in dünne Ringe geschnitten. Die Quitten werden ebenfalls geschält und in apfelsinenähnliche Schnitze geschnitten. Anschließend schneidet man die geschälten Kartoffeln in etwa 1 cm dicke Scheiben und das Fleisch in etwa 2 cm breite Streifen.

Geschichtet werden die Zutaten in einem ausreichend großen Topf, in den man 3 EL Öl gibt. Der Boden des Topfes wird mit einer Schicht aus der Hälfte der Zwiebelringe ausgelegt. Darauf gibt man die Hälfte des Fleisches und die Hälfte der getrockneten Pflaumen sowie ein paar Quittenschnitze. Das Ganze mit der Hälfte des Limonenpulvers und der Hälfte der Gewürze bestreuen. Beginnend mit 2 EL Öl wiederholt man diese Schichtung in der gleichen Reihenfolge mit den verbliebenen Zutaten.

Über die fertig geschichteten Zutaten gibt man eine halbe Tasse Wasser und läßt das Ganze bei geschlossenem Deckel und geringer Hitze etwa 1 ½ Stunden garen. Wichtig ist eine nur geringe Hitzezufuhr, damit die unterste Zwiebelschicht nicht anbrennt. Nach dieser Zeit legt man die Kartoffelscheiben auf die Zutaten im Topf und gibt das vorher in einer halben Tasse Wasser verrührte Tomatenmark darüber. Bei geringster Hitze und geschlossenem Deckel etwa 45–60 Minuten weitergaren, bis die Kartoffeln weich sind.

Zum Verteilen auf die Teller sollte ein flacher Schöpfer verwendet werden, damit die Schichtung nicht so sehr auseinanderfällt.

کوفته تبریزی

KUFTEH TABRISI

Rezept siehe Seite 105

خورشت زرد آلو و آلو

KHORESCHT E SARDALU WA ALU

Hammelschulter in Pflaumen-Aprikosen-Sauce

Khorescht e Sardalu wa Alu müssen Sie probiert haben. Durch die Verbindung des fruchtigen Geschmacks der Aprikosen und Pflaumen mit dem Duft der verschiedenen Gewürze und dem Aroma der Mandeln und Pinienkerne entsteht ein einmaliges Geschmackserlebnis.

Für die Zubereitung von Khorescht e Sardalu wa Alu benötigen Sie:
(für 4 Personen)

500 g Hammelschulter ohne Knochen
100 g getrocknete Aprikosen
100 g getrocknete Pflaumen
300 g Tomaten
1 mittelgroße Zwiebel
½ EL Tomatenmark
¼ TL Safran, gemahlen
½ TL Curry
½ TL Kurkuma, ½ TL Paprika, edelsüß
50 g gestiftete Mandeln
50 g Pinienkerne
3 EL Öl
Salz

Zubereitung:

Das Fleisch trennt man mit einem scharfen Messer sauber vom Knochen und würfelt es in gulaschgroße Stücke. In einer Pfanne erhitzt man etwas Öl und brät darin ein paar Fleischstücke an, bis sie eine goldbraune Kruste bekommen. Die angebratenen Fleischstücke legt man auf einem Teller beiseite. Diesen Vorgang wiederholt man so lange, bis alle Fleischstücke angebraten sind.

سالاد الویه

SALAD OLIWIEH

Rezept siehe Seite 28

Man geht portionsweise vor, damit immer genügend Hitze an die einzelnen Fleischstücke gelangt. Anschließend röstet man die gewürfelten Zwiebeln im selben Öl an und gibt das Fleisch wieder dazu. Mit 2 Tassen Wasser löschen, das Wasser aufkochen und anschließend alles bei geringer Hitze weiterkochen lassen.

In der Zwischenzeit werden die Tomaten geschält. (Vorher kurz in kochendes Wasser legen, damit sich die Schale leichter ablösen läßt). Die geschälten Tomaten werden fein gehackt und zusammen mit dem Tomatenmark in den Fleischtopf gegeben. Dadurch erreicht man einen intensiveren Geschmack und eine kräftigere Farbe. Die Gewürze dazugeben, gut umrühren und bei geringer Hitze weiterkochen lassen. Nach etwa 40 Minuten gibt man die Aprikosen und die Pflaumen zum Fleisch und läßt diese noch etwa 20 Minuten mitkochen. Nach 1 Stunde ist das Fleisch schön weich.

Vor dem Servieren schwenkt man die gestifteten Mandeln und Pinienkerne zusammen mit 1 Messerspitze Zucker und etwas Salz in zerlassener Butter und gibt das Ganze über die Fleischsauce, die zuvor in eine Schüssel gefüllt wurde.

GHAIMEH BADEMDSCHAN

Lammfleisch in Auberginensauce

Für die Zubereitung von Ghaimeh Bademdschan benötigen Sie:
(für 4 Personen)

500 g Lammfleisch ohne Knochen
300 g geschälte Tomaten
150 g gelbe Erbsen (vorher 2 Stunden in Wasser einweichen)
4 Auberginen, mittelgroß
3 getrocknete Limonen (Limo Amani)
1 EL Tomatenmark
½ TL Kurkuma
⅔ TL Curry
½ TL Rosenpaprika, süß
Öl
Salz und Pfeffer

Zubereitung:

Die Auberginen werden geschält, der Länge nach in 1 cm dicke Scheiben geschnitten, mit Salz bestreut und in ein Sieb mit untergestellter Schüssel gelegt. Darin läßt man sie 3–4 Stunden liegen, damit ihnen der Saft und damit der bittere Geschmack entzogen wird, der durch das Sieb abtropft. Das Fleisch in gulaschgroße Stücke schneiden, abspülen und gut abtropfen lassen.

In einem Topf werden 3 EL Öl erhitzt und darin das Fleisch in mehreren kleinen Portionen gold-braun und knusprig angebraten. Sind die ersten Fleischstücke fertig, werden sie auf einem Teller beiseite gestellt, und die nächsten Fleischstücke werden angebraten. Dieser Vorgang wird so lange wiederholt, bis alle Fleischstücke angebraten sind. Anschließend die gewürfelten Zwiebeln im gleichen Öl goldbraun anbraten. Dazu kommen die geschälten Tomaten und das Tomatenmark. Bevor die Tomatenflüssigkeit im Topf zu kochen beginnt, gibt man 2 große Tassen Wasser dazu und läßt das Ganze aufkochen.

Die im Wasser eingeweichten gelben Erbsen absieben und zur Tomatensauce geben. Anschließend kommen die getrockneten Limonen und das Fleisch zur Sauce. In die getrockneten Limonen vorher mit einem spitzen Messer von allen Seiten Löcher stechen, damit sich beim Kochen das Aroma besser entfalten kann. Die Sauce aufkochen und anschließend bei niedriger Hitze etwa 1–1 ½ Stunden kochen lassen, bis die Erbsen weich sind.

Die Auberginenscheiben werden mit kaltem Wasser abgespült. Auf dem Tisch breitet man ein sauberes Tuch aus und legt darauf die Auberginenscheiben nebeneinander, damit das restliche Wasser vom Tuch aufgesaugt wird. Auf die Auberginenscheiben wird ein zweites Tuch gelegt, um sie damit trockenzutupfen. In einer Pfanne wird nun reichlich Öl erhitzt (etwa ein halber Zentimeter), um darin die Auberginenscheiben von beiden Seiten goldbraun zu braten (einmal wenden). Dies erfolgt in mehreren Etappen, da nicht alle Auberginenscheiben auf einmal in die Pfanne passen. Die fertigen Scheiben kommen auf einen Teller.

Inzwischen sind die Erbsen weichgekocht, und die gebratenen Auberginenscheiben können in die Sauce gegeben werden. Mit Kurkuma, Curry und Paprika würzen und mit Salz abschmecken (etwa 1 TL). Das Ganze 10–15 Minuten ziehen lassen. Das aufgesaugte Öl aus den Auberginen schwimmt am Ende auf der Sauce. Wenn man es nicht so fettig mag, kann man dieses Öl vor dem Servieren abschöpfen.

خورشت فسنجان

KHORESCHT E FESSENDSCHAN
Gekochtes Hähnchen oder Ente in Granatapfel-Walnuß-Sauce
Rezept siehe Seite 100

قیمه بادمجان

GHAIMEH BADEMDSCHAN
Lammfleisch in Auberginensauce
Rezept siehe Seite 72

خورشت زردآلو و آلو

KHORESCHT E SARDALU WA ALU
Hammelschulter in Pflaumen-Aprikosen-Sauce
Rezept siehe Seite 70

Pollo – Reisgerichte

Schicht für Schicht zum Hochgenuß

Das charakteristische an den Pollo-Gerichten ist, daß sämtliche Zutaten in einem einzigen Topf in mehreren Schichten übereinander liegen und zusammen gegart werden. Grundlage ist stets der Reis als wichtigster Bestandteil der Pollo-Gerichte. Auf eine Reisschicht folgt immer eine Schicht aus den übrigen Zutaten. Diese Abfolge wird mindestens einmal wiederholt. Pollo bedeutet aber nicht nur Schichtung, sondern auch, daß der Reis zusammen mit den übrigen Zutaten gekocht wird. Damit ist eine klare Trennung zu „Tschello", den Gerichten, zu denen der weiße, extra zubereitete Reis als Beilage gereicht wird, beschrieben.

Pollo-Gerichte sind zwar nicht immer einfach in der Zubereitung, erfreuen sich aber in vielen Gebieten Persiens großer Beliebtheit, da sie nicht nur hervorragend schmecken, sondern auch das Auge mitessen lassen.

TSCHESCHMBOLBOLIPOLLO BA GUSCHT E TSCHARKH KARDEH

Pollo mit Augenbohnen und Hackfleisch

Hinter diesem langen Namen verbirgt sich ein Pollo-Gericht, das seinen außergewöhnlichen Geschmack vor allem der raffinierten Gewürzmischung aus Zimt, Kurkuma und Ingwer verdankt.

Für die Zubereitung von Tscheschmbolbolipollo ba Guscht e Tscharkh Kardeh benötigen Sie:
(für 4 Personen)

    300 g Basmati-Reis
    250 g Augenbohnen (ersatzweise kann man auch grüne Bohnen aus der Dose verwenden, frische grüne Bohnen müssen kurz angedünstet werden)
    250 g Hackfleisch
    2 mittelgroße Zwiebeln
    3 EL Tomatenmark
    6 EL Öl
    ½ TL Chili, geschrotet
    1 TL Salz
    1 TL Kurkuma
    ⅓ TL Zimt
    1 Knoblauchzehe
    ½ TL Ingwerpulver
    ½ TL schwarzen Pfeffer
    1 TL Zucker

Zubereitung:

Als Vorbereitung für die erste Schicht wird der Reis, der zuvor gründlich mit kaltem Wasser abgespült wurde, gekocht. Zusammen mit 1 EL Öl und 2 TL Salz wird er in einen Topf mit reichlich kaltem Wasser gegeben. Nach dem Aufkochen wird er 7 Minuten bei mittlerer Hitze gekocht, bis er einen leicht körnigen Biß hat. Während des Kochens muß hin und wieder umgerührt werden. Nach dem Kochen gibt man den Reis in ein feines Sieb und spült ihn mit kaltem Wasser ab.

Für die zweite Schicht werden parallel dazu auf die gleiche Weise die Augenbohnen, ebenfalls in reichlich Salzwasser, weichgekocht und anschließend abgespült. Für die Zubereitung der dritten Schicht,

78

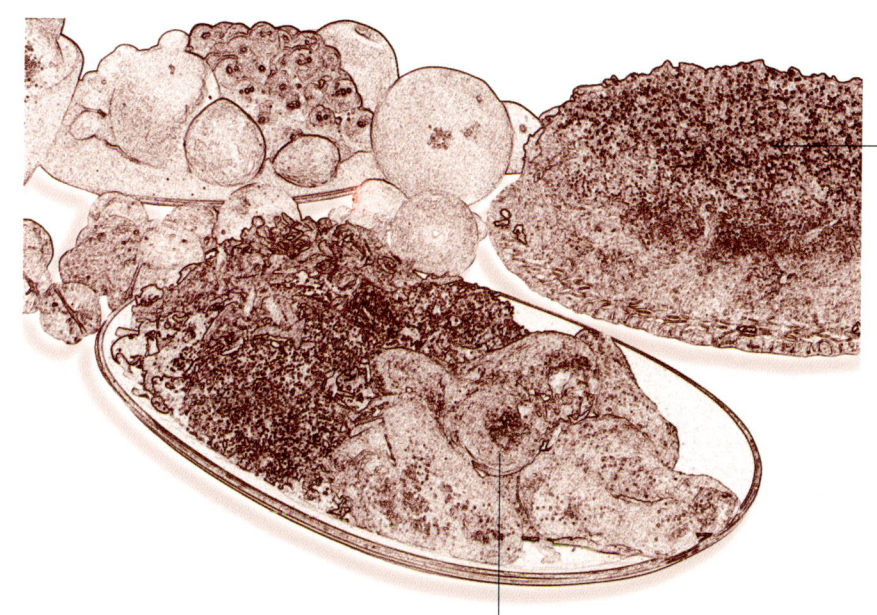

تهچین مرغ

TAHTSCHIN E MORK
Hähnchenpollo
Rezept siehe Seite 101

آلبالوپلو

ALBALUPOLLO
Kirschenpollo
Rezept siehe Seite 84

der Hackfleischsauce, werden die fein gehackten Zwiebeln mit dem Hackfleisch vermischt und in eine Pfanne mit 3 EL erhitztem Öl geben, in der Hackfleisch und Zwiebeln goldbraun angebraten werden. Dahinein gibt man zunächst das Tomatenmark und die Gewürze und löscht anschließend mit 1 Tasse Wasser. Danach rührt man vorsichtig um und läßt das Ganze bei geringer Hitze noch etwa 15 Minuten köcheln.

Zum Schichten des Pollos muß zunächst ein ausreichend großer Topf ausgewählt werden, der alle Zutaten aufnehmen kann. In diesen Topf gibt man 3 EL Öl und eine halbe Tasse Wasser und füllt die Hälfte des Reises in den Topf. Auf die Reisschicht gibt man die Hälfte der Augenbohnen und darauf die Hälfte der Hackfleischsauce. Dieser Vorgang wird anschließend nochmals in der gleichen Reihenfolge wiederholt. Die einzelnen Schichten werden immer in die Mitte des Topfes gegeben, so daß am Schluß eine Kegelform entsteht. In den geschichteten Pollo bohrt man mit dem Stiel eines Holzlöffels von oben her mehrere Löcher bis zum Grund des Topfes, damit beim anschließenden Kochen die Hitze alle Bereiche im Topf erreichen kann. Bei geringer Hitze und geschlossenem Deckel, der zuvor in ein Geschirrtuch eingeschlagen wurde, läßt man das Ganze noch etwa 60–75 Minuten dämpfen. Dazu paßt Torschi.

HAWIDSCH POLLO

Pollo mit Karotten

Hawidsch Pollo besteht aus geschichtetem Reis im Wechsel mit einer Karottensauce, die mit einer Vielzahl erlesener Gewürze, Rosinen und Pistazienkernen verfeinert wird. Dadurch erhält Hawidsch Pollo ein fruchtig-nussiges Aroma und wird in jedem Fall zu einem Geschmackserlebnis der besonderen Art.

Für die Zubereitung von Hawidsch Pollo benötigen Sie:
(für 4 Personen)

    400 g Basmati-Reis
    600 g frische Karotten
    1 mittelgroße Zwiebel
    50 g Pistazienkerne
    20 g Rosinen
    ⅓ TL Safran
    ¼ TL Kardamom

½ TL Kurkuma
½ TL Curry
⅓ TL Ingwerpulver
2 EL geriebene Orangenschale
(von unbehandelten Orangen)
Pfeffer und Salz nach Geschmack

Zubereitung:

Für die Reisschicht wird der Reis wie gewöhnlich gründlich gewaschen, anschließend in kaltes Salzwasser gegeben und nach dem Aufkochen 7 Minuten gekocht, bis er einen noch leicht körnigen Biß aufweist. Danach gibt man den Reis in ein feines Sieb und spült mit kaltem Wasser nach. Den Reis gibt man wieder in den Topf zurück und stellt diesen zunächst beiseite.

Für die Zubereitung der Karottensauce schält und stiftet man die Karotten und würfelt die Zwiebel. Die Zwiebelwürfel werden in einer Pfanne mit Öl goldbraun angebraten. Anschließend gibt man nacheinander die gestifteten Karotten, die Pistazienkerne und die Rosinen dazu und brät diese ebenfalls mit an. Zuletzt kommen die Gewürze dazu. Alles muß gut durchgerührt und danach mit einer halben Tasse Wasser gelöscht werden. Bei geringer Hitze muß das Ganze etwa 30 Minuten im geschlossenen Topf ziehen. Nach dieser Zeit nimmt man den Deckel ab und läßt soviel von der Flüssigkeit im Topf verdampfen, bis sich die Sauce etwas eindickt.

In einem ausreichend großen Topf kann dann der Pollo geschichtet werden. Dazu gibt man 3–4 EL Öl in den Topf und schichtet die eine Hälfte des Reises, dann die Hälfte der Karottensauce, dann die zweite Hälfte des Reises und den Rest der Karottensauce in den Topf. Dabei ist darauf zu achten, daß die einzelnen Schichten immer in die Mitte des Topfes gegeben werden, so daß der Pollo am Schluß kegelförmig ist. Mit dem Stiel eines Holzlöffels bohrt man möglichst viele Löcher in den fertig geschichteten Pollo, damit sich die Hitze beim Kochen später gut verteilen kann.

Der Topf wird mit einem in ein Geschirrtuch gehüllten Deckel verschlossen und der Pollo bei geringer Hitze 60–75 Minuten gegart. Dabei muß man immer wieder kontrollieren, daß die Hitze nicht zu groß wird und die unterste Reisschicht nicht anbrennt.

Garniert wird Hawidsch Pollo mit der geriebenen Orangenschale, die zuvor etwa 10 Minuten in einem Topf zusammen mit ½ Tasse Zucker gekocht wurden.

AASCH E RESCHTEH
Aasch mit Nudeln
Rezept siehe Seite 90

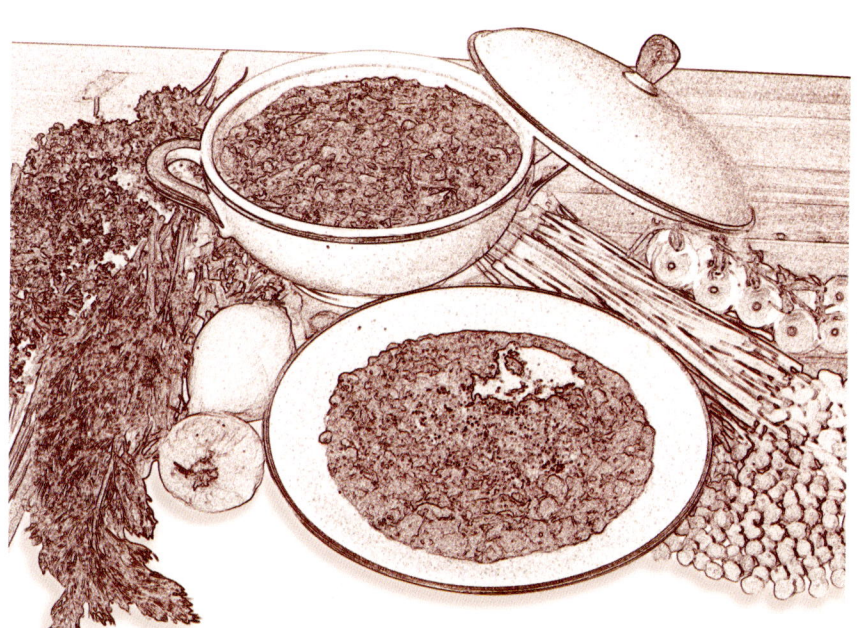

ALBALUPOLLO

Kirschenpollo

Eine süß-saure Kirschsauce, duftender Basmati-Reis und dazu zartes Hähnchenfleisch: mit Albalupollo gelingt Ihnen immer eine Überraschung. So ungewöhnlich die Kombination der Zutaten auch erscheinen mag, das Resultat wird auch Ihren Gaumen überzeugen. Statt Hähnchenfleisch, das üblicherweise verwendet wird, läßt sich dieses Gericht auch mit Hammelfleisch zubereiten.

Für die Zubereitung von Albalupollo benötigen Sie:
(für 4 Personen)

400 g Basmati-Reis
1 kg entsteinte Sauerkirschen
400 g Zucker
1 Hähnchen, etwa 800 g
1 Zwiebel
½ TL gemahlenen Safran
30 g gestiftete Mandeln
30 g gestiftete Pistazien
2 EL geriebene Orangenschale
Salz und Pfeffer nach Geschmack

Zubereitung:

Den Reis für die Reisschicht spült man wie gewöhnlich 3mal mit kaltem Wasser ab und läßt ihn dann ein paar Stunden in kaltem Salzwasser einweichen. In dem gleichen Salzwasser wird der Reis nach dem Aufkochen so lange gekocht, bis er noch einen leicht körnigen Biß hat (ca. 7 Minuten). Diesen Reis gibt man dann in ein Sieb und spült mit kaltem Wasser nach.

Für die Vorbereitung der Sauerkirschenschicht gibt man die vorher entsteinten Sauerkirschen zusammen mit einer halben Tasse Wasser in einen Topf. (Wenn es keine frischen Sauerkirschen gibt oder wenn man sich das Entsteinen sparen möchte, verwendet man am besten Schattenmorellen aus dem Glas. Ein besseres Aroma erzielt man jedoch mit frischen Kirschen).

Die Sauerkirschen müssen zusammen mit dem Zucker etwa 15 Minuten lang kochen, bis das Ganze zu einem dünnflüssigen Sirup eindickt. Beim

Kochen ab und zu umrühren. Anschließend wird der Topf beiseite gestellt, und der Inhalt muß abkühlen. Nach dem Abkühlen muß man den Kirschsirup in ein Sieb geben, um die süße Flüssigkeit von den Kirschen zu trennen. Die Flüssigkeit wird in einem Topf aufgefangen und nochmals einige Minuten gekocht, damit der Sirup noch dickflüssiger wird.

In einem weiteren Topf wird das Hähnchen zusammen mit den beiden geschälten und halbierten Zwiebeln, 2 Tassen Wasser, Salz und Pfeffer etwa 1 Stunde bei mittlerer Hitze gegart, bis noch etwa eine halbe Tasse der Flüssigkeit im Topf ist. Dann wird das Hähnchen herausgenommen und in mehrere Stücke zerteilt. Der Hähnchensud wird aufbewahrt.

Zur Schichtung der Zutaten benötigt man einen Topf, der groß genug ist, um den Reis zusammen mit dem Hähnchenfleisch und den Kirschen aufzunehmen. Zu unterst gibt man 3–4 EL Öl und eine halbe Tasse Wasser in den Topf. Darauf kommt die Hälfte des Reises. Dieser wird mit der Schicht aus den gekochten Sauerkirschen bedeckt. Auf die Kirschen kommt die Hälfte des noch übrigen Reises. Dabei ist darauf zu achten, daß die einzelnen Schichten in die Mitte des Topfes gegeben werden, so daß der Pollo am Schluß kegel-

förmig ist. Dann werden die Hähnchenteile schön nebeneinader auf den Reis gelegt und mit dem restlichen Reis bedeckt. Das Ganze mit Mandeln und Pistazien bestreuen. Der Topf wird nun mit einem Deckel versehen, der zuvor in ein Küchentuch gewickelt wurde. Bei geringer Hitzezufuhr muß Albalupollo eine halbe Stunde dämpfen.

زولبیا

SULBIA

Rezept siehe Seite 110

باقلوا

BAGHLAWA

Rezept siehe Seite 112

Während der Pollo dämpft, mischt man den Hähnchensud mit 5 EL des Kirschsirups und 3 EL Öl, um damit nach dieser halben Stunde den Pollo zu übergießen. Danach wird der Topf wieder mit dem Deckel versehen, und das Ganze muß nochmals 90 Minuten dämpfen, bis der Reis schön weich ist.

Garniert wird Albalupollo mit der geriebenen Orangenschale, die zuvor etwa 10 Minuten in einem Topf zusammen mit ½ Tasse Zucker gekocht wurden.

Tip: Von dem restlichen Kirschsirup kann man pro Glas 1–2 EL mit Wasser oder Sprudel mischen und erhält dadurch einen köstlichen Scharbat.

BAGHALIPOLLO

Dickbohnenpollo mit Dill

Baghalipollo ist einfach und schnell in der Zubereitung und ist im Unterschied zu den übrigen Pollo-Gerichten ungeschichtet. Mit Baghalipollo werden üblicherweise andere Gerichte kombiniert. Besonders gut passen Maahi e Sorkhschodeh (gebratenes Seelachsfilet, siehe S. 51) oder Mork e Pochte ba Corry (Hähnchen in Curry, siehe S. 107).

Für die Zubereitung von Baghalipollo benötigen Sie:
(für 4 Personen)

300 g Basmati-Reis
120 g Baghla, getrocknet (spezielle Bohnenart, in persischen Lebensmittelgeschäften erhältlich)
2 Bund Dill
2 Kartoffeln, mittelgroß

½ TL Safran, gemahlen
4 EL Öl
Salz

Die Zubereitung:

Die Dickbohnen werden gut abgespült in einen Topf gegeben und mit kaltem Salzwasser bedeckt. Das Wasser bringt man zum Kochen und läßt die Dickbohnen darin etwa 30 Minuten lang bei mittlerer Hitze weiterkochen, bis sie weich sind. Parallel dazu wird der gründlich gespülte Reis in einen anderen Topf mit ebenfalls kaltem Salzwasser gegeben. Nachdem das Wasser aufgekocht wurde, läßt man den Reis noch etwa 7 Minuten kochen, so daß er noch einen leicht körnigen Biß hat. Anschließend wird der Reis in ein Sieb gegeben und mit kaltem Wasser abgespült.

Sobald die Dickbohnen weich sind, werden sie in einer bereitgestellten Schüssel mit dem Reis sowie mit dem fein gehackten Dill vermischt. Damit die Zutaten nicht zerdrückt werden, mischt man das Ganze sehr vorsichtig.

Zur weiteren Zubereitung von Baghalipollo gibt man in einen ausreichend großen Topf 3–4 EL Öl und eine halbe Tasse Wasser. Anschließend schält man die Kartoffeln, schneidet sie in etwa 0,5 cm dicke Scheiben und legt damit den Boden des Topfes aus. Darauf kommt die Reis-Dickbohnen-Mischung. Dadurch entsteht eine kegelförmige Oberfläche. Bevor der Pollo noch 60–80 Minuten bei geringster Hitze dämpfen muß, bohrt man mit dem Stiel eines Holzlöffels mehrere Löcher von oben bis auf die Kartoffeln in die Reis-Dickbohnen-Mischung und verschließt den Topf mit einem in ein Küchentuch gehüllten Deckel.

In der Zwischenzeit stellt man aus dem Safran einen Safranaufguß her. Dazu wird der Safran zusammen mit 1 Messerspitze Zucker in einem Mörser fein zerrieben und anschließend in ein Teeglas gefüllt, wo er mit heißem Wasser übergossen wird, bis das Glas etwa zur Hälfte gefüllt ist. Das Teeglas mit dem Safranaufguß muß mit einer Untertasse abgedeckt werden, damit bis zum Abkühlen das Aroma nicht entweicht.

Von der fertig gekochten Reis-Bohnen-Mischung werden 8 EL abgenommen und in einer kleinen Schüssel mit dem Safranaufguß vermischt. Zum Schluß gibt man Baghalipollo auf eine Servierplatte, legt die Kartoffelscheiben rundherum und verteilt die Safranmischung über Bohnen und Reis.

Aasch

Traditionelle Speisen zum Wohle der Familie

Aasche bestehen hauptsächlich aus einer Mischung gekochter Hülsenfrüchte – üblicherweise werden Linsen, Bohnen und Kichererbsen verwendet – und je nach Rezept aus weiteren Zutaten, beispielsweise Fleisch, Reis oder Nudeln. Eine traditionelle Kräutermischung aus Schnittlauch, Spinat, Dill, Petersilie und Koriander verleiht jedem Aasch ein besonderes Aroma. Aufgrund des wärmenden Charakters werden diese Gerichte besonders gerne in der kalten Jahreszeit gegessen.

Aasche haben in vielen Teilen Persiens eine lange Tradition. Es wird erzählt, daß Wünsche, die man bei der Zubereitung eines Aasches äußert, auch in Erfüllung gehen. Ist beispielsweise ein naher Verwandter erkrankt, so bereitet man ihm zu Ehren einen Aasch und wünscht sich dabei seine baldige Genesung. Ebenso bereitet man einen Aasch, wenn ein naher Verwandter eine längere Reise unternimmt und man sich seine gesunde Rückkehr erhofft.

Die Bedeutung der Geselligkeit in der persischen Eßkultur kommt bei diesen Speisen besonders deutlich zum Ausdruck. Denn die Wünsche gehen nur in Erfüllung, wenn die ganze Familie samt eingeladener Verwandschaft an der Mahlzeit teilnimmt. Zusätzlich wird auch oft den Nachbarfamilien etwas von der zubereiteten Speise abgegeben. In jedem Fall werden Aasche immer in großen Mengen gekocht.

Vier ganz verschiedene Aasche möchten wir Ihnen in den folgenden Rezepten vorstellen.

AASCH E RESCHTEH

Aasch mit Nudeln

Reschteh sind persische Nudeln. In Aasch e Reschteh werden sie auf interessante Weise mit den verschiedenen Hülsenfrüchten und den typischen Kräutern eines Aasch kombiniert und entfalten auf diese Weise ihren besonderen Geschmack. Ähnlich wie italienische Nudeln werden Reschteh ausschließlich aus Hartweizengrieß hergestellt. Erhältlich sind sie bei uns in allen persischen sowie in vielen anderen orientalischen Lebensmittelgeschäften.

Für die Zubereitung von Aasch e Reschteh benötigen Sie:
(für 6 Personen)

400 g Reschteh (ersatzweise andere Nudeln aus Hartweizengrieß)
1 Glas (250 g) Kaschk (dickflüssige Buttermilch, fertig vorbereitet in persischen Lebensmittelgeschäften erhältlich)

250 g Kichererbsen
250 g weiße Bohnen
100 g Linsen
3–4 Knoblauchzehen
250 g Rinderhackfleisch
60 g Aasch-Kräutermischung, getrocknet
(fertig vorbereitet in persischen
Lebensmittelgeschäften erhältlich)

Ersatzweise kann diese Aasch-Kräutermischung auch aus folgenden frischen Kräutern, jeweils fein gehackt, gemischt werden:
40 g Schnittlauch
40 g Spinat
30 g Dill
40 g Petersilie
30 g Koriander

2 Zwiebeln
4 EL Nanaminze
1 EL Tomatenmark
½ TL Curry
½ TL Kurkuma
Salz und Pfeffer nach Geschmack

Zubereitung:

Zunächst müssen die Hülsenfrüchte eingeweicht werden. Dazu gibt man die Kichererbsen, die weißen Bohnen und die Linsen mindestens einige Stunden, besser einen Tag zuvor in eine große Schüssel mit Wasser. Vor dem Kochen wird das Wasser abgesiebt; die Hülsenfrüchte werden mit kaltem Wasser abgespült und in einen Topf gegeben. Bei der Auswahl des Topfes ist darauf zu achten, daß er groß genug ist, um später auch noch die Hälfte des Kaschk und die Reschteh aufnehmen zu können. Zudem sollte bedacht werden, daß die Hülsenfrüchte beim Kochen noch quellen.

In diesem Topf werden die Kichererbsen, die weißen Bohnen und die Linsen zusammen mit den Kräutern der Aasch-Kräutermischung etwa 4–5 cm mit Wasser überdeckt und anschließend kurz aufgekocht. Bei geringer Hitze muß das Ganze dann etwa 2 Stunden lang bei geschlossenem Topf ziehen, bis die Hülsenfrüchte zwar weich aber noch bißfest sind. Dabei bitte von Zeit zu Zeit umrühren und auf eine geringe Hitzezufuhr achten, da die Zutaten sonst anbrennen. Sollte das Wasser im Topf einkochen bevor die Hülsenfrüchte weichgekocht sind, so gibt man vorsichtig etwas Wasser hinzu. Dabei ist aber darauf zu achten, daß das Ganze nicht zu flüssig wird.

Zu den Hülsenfrüchten fügt man dann die Hälfte des Kaschk und die Reschteh hinzu, salzt und pfeffert nach Geschmack und mischt alles kräftig durch. Die dickflüssige Masse muß anschließend bei geringer Hitze noch 30 Minuten weiterziehen. Dabei häufig umrühren, damit nichts anbrennt.

Parallel dazu wird in einer Pfanne die Fleischsauce zubereitet. Hierfür werden die Knoblauchzehen und die Zwiebeln ganz fein gehackt und in 3 EL Öl angebraten. Anschließend kommt das Hackfleisch hinzu und wird bei starker Hitze kurz angebraten. Erst danach gibt man Curry und Kurkuma hinzu und salzt und pfeffert nach Geschmack. Das Hackfleisch wird dann bei mittlerer Hitze – bei zuviel Hitze wird es zäh – durchgebraten. Die fein gehackte Nanaminze untermischen und mitanbraten, bis sie goldbraun ist. Zum Schluß wird das Tomatenmark zugegeben, alles gut durchgemischt und nach Zugabe einer halben Tasse Wasser nochmals 5 Minuten gekocht.

Dann kann serviert werden. Dazu wird der Aasch in tiefe Teller geben und die Fleischsauce darüber verteilt. Garniert wird mit jeweils 1 bis 2 EL des restlichen, zuvor etwas mit Wasser verdünnten Kaschk. Und vergessen Sie nicht Ihre guten Wünsche.

AASCH E SCHOLEGHALAMKAR

Aasch mit Hammelfleisch

Die Besonderheit von Aasch e Scholeghalamkar ist, daß sämtliche Zutaten in nur einem Topf gekocht werden. So einfach dieses Gericht in der Zubereitung ist, geschmacklich wird es Ihre Gäste überzeugen. Auf harmonische Weise durchmischt sich das Aroma der verschiedenen Kräuter mit dem Geschmack der Hülsenfrüchte und des Reises. Das Hammelfleisch gibt diesem Aasch seinen kräftigen Charakter. An kalten Tagen wird es einem beim Genuß von Aasch e Scholeghalamkar bald wieder warm ums Herz.

Für die Zubereitung von Aasch e Scholeghalamkar benötigen Sie:
(für 6 Personen)

500 g Hammelschulter (ohne Knochen)
60 g Aasch-Kräutermischung
(fertig vorbereitet in persischen
Lebensmittelgeschäften erhältlich)

Ersatzweise kann die Aasch-Kräutermischung für Aasch e Scholeghalamkar auch aus folgenden frischen Kräutern, jeweils fein gehackt, gemischt werden:
40 g Schnittlauch
40 g Spinat
30 g Dill
40 g Petersilie
30 g Koriander

130 g Kichererbsen
130 g weiße Bohnen
130 g Linsen
150 g Reis
2 mittelgroße Zwiebeln
1 TL Kurkuma
½ TL Curry
3–4 EL Öl
Salz und Pfeffer nach Geschmack

Zubereitung:

In einer großen Schüssel mit Wasser müssen die Kichererbsen, die weißen Bohnen und die Linsen einige Stunden, besser schon einen ganzen Tag lang vorher eingeweicht werden. Vor dem Kochen wird dann das Wasser abgesiebt. Die Hülsenfrüchte werden mit kaltem Wasser abgespült und zunächst beiseite gestellt.

Bei der Auswahl des Topfes, in dem Aasch e Scholeghalamkar zubereitet werden soll, ist darauf zu achten, daß er groß genug ist, um neben den Hülsenfrüchten, die beim Kochen noch quellen, auch die übrigen Zutaten aufnehmen zu können.

In diesem Topf wird zunächst das Öl erhitzt. Darin sind die fein gewürfelten Zwiebeln zusammen mit dem gewürfelten Fleisch bei starker Hitze kurz anzubraten, bis beides eine goldgelbe Farbe annimmt. Bevor dann die eingeweichten Hülsenfrüchte dazugegeben werden, muß die Hitzezufuhr verringert werden, damit nichts anbrennt. Fleisch, Zwiebeln und Hülsenfrüchte gut durchmischen und anschließend mit Curry und Kurkuma würzen sowie Salz und Pfeffer nach Geschmack zugeben. Danach wird der Reis, der zuvor in einem Sieb mit kaltem Wasser abgespült wurde, hinzugeben und der Topf soweit mit Wasser aufgefüllt, bis alle Zutaten bedeckt sind. Bei geringer Hitze und geschlossenem Topf muß das Ganze dann etwa 2 Stunden kochen, bis die Hülsenfrüchte und der Reis weich, aber noch bißfest sind. Auf keinen Fall darf man vergessen, nach etwa der Hälfte der Kochzeit (1 Stunde) die Aasch-Kräutermischung dazuzugeben, damit die Kräuter noch ihr ganzes Aroma entfalten können.

Serviert wird Aasch e Scholeghalamkar üblicherweise in tiefen Tellern und wird mit Löffeln gegessen. Geben Sie etwas frischen Joghurt über den Aasch und essen Sie Fladenbrot dazu. Das schmeckt ausgezeichnet.

AASCH E MASCH

Aasch aus Mungbohnen

Aasch e Masch ist ein rein vegetarisches Gericht. Die Besonderheit ist die Verwendung nur einer Sorte von Hülsenfrüchten – den Masch (zu deutsch: Mungbohnen). Mungbohnen sind eine vor allem in Asien kultivierte Bohnenart, deren grau-dunkelgrüne Bohnen kleiner sind als die unserer Gartenbohnen. Das Aroma wird auch bei diesem Aasch durch die traditionelle Kräutermischung geprägt. Die Kombination mit weißen Rüben und Nanaminze beweist die außerordentliche Vielfalt der Aasch-Gerichte.

Für die Zubereitung von Aasch e Masch benötigen Sie:
(für 6 Personen)

300 g Masch (Mungbohnen)
150 g Basmati-Reis
500 g geschälte weiße Rüben
(je kleiner, desto besser)

60 g Aasch-Kräutermischung
(fertig vorbereitet in persischen
Lebensmittelgeschäften erhältlich)

Ersatzweise kann die Aasch-Kräutermischung für Aasch e Masch auch aus folgenden frischen Kräutern, jeweils fein gehackt, gemischt werden:
40 g Schnittlauch
40 g Spinat
30 g Dill
40 g Petersilie
30 g Koriander

200 g Schalotten (kleine Zwiebeln)
3 mittelgroße Zwiebeln
1 TL Kurkuma
1 ½ EL getrocknete Nanaminze
Salz und Pfeffer nach Geschmack

Zubereitung:

Die Mungbohnen (Masch) werden zusammen mit 3 Tassen Wasser in einen Topf gegeben und aufgekocht. Anschließend müssen sie bei mittlerer Hitze und geschlossenem Deckel etwa 20 Minuten garen. Nach 20 Minuten lösen sich durch wiederholtes Umrühren nach und nach die Schalen von den Bohnen ab und schwimmen auf der Wasseroberfläche. Diese Schalen werden mit einer Schöpfkelle immer wieder abgesiebt. Um den entstehenden Verlust des Kochwassers auszugleichen, muß hin und wieder etwas Wasser zugegeben werden, so daß die Bohnen stets bedeckt sind.

Parallel zu den kochenden Mungbohnen kann der Reis vorbereitet werden. Dieser wird in einen Topf mit kaltem Wasser gegeben und mehrmals darin geschwenkt. Anschließend wird das Wasser vorsichtig abgegossen. Diesen Vorgang bitte insgesamt 3mal wiederholen.

Wenn sich nach 45 Minuten die Schalen weitgehend von den Mungbohnen gelöst haben, sind die Mungbohnen erfahrungsgemäß halb durch. Weicher sollten sie auch zunächst nicht sein, da Aasch e Masch sonst breiartig wird und seine typische stichfeste Konsistenz verliert. Die Mungbohnen gibt man dann in ein Sieb und spült sie mit kaltem Wasser ab. Nun werden 2 der 4 mittelgroßen Zwiebeln gewürfelt und in einem Topf, in dem zuvor etwas Öl erhitzt wurde, kurz angebraten, bis sie glasig sind. Dann gibt man zuerst den gewaschenen Reis dazu und erhitzt alles unter Rühren einen Moment weiter. Anschließend wird mit Kurkuma gewürzt. Danach kommen die Mungbohnen, die geschälten, in Stücke geschnittenen weißen Rüben und die Schalotten zum Reis.

Nach Geschmack salzen und pfeffern und das Ganze mit 3–4 Tassen Wasser löschen.

Jetzt muß Aasch e Masch bei geringer Hitzezufuhr und geschlossenem Topf noch etwa 45 Minuten ziehen. Dabei immer wieder vorsichtig umrühren, damit nichts anbrennt. Der Aasch ist fertig, wenn die Schalotten noch ein wenig „Biß" besitzen.

Während der Aasch zieht, werden die beiden übrigen Zwiebeln gewürfelt, in eine Pfanne mit heißem Öl gegeben und zusammen mit der getrockneten Nanaminze kurz angebraten, bis die Zwiebeln eine goldbraune Farbe annehmen. Damit wird der fertige Aasch, nachdem er portionsweise auf tiefe Teller verteilt wurde, garniert.

AASCH E ANAR

Aasch mit Granatapfel

Aasch e Anar ist eine raffinierte Komposition aus Rindfleisch, gelben Linsen und Granatapfelsirup, die sich ohne großen Aufwand zubereiten läßt. Die traditionelle Kräutermischung rundet das Gericht mit dem aasch-typischen Aroma ab. So wird Aasch e Anar zu einem außergewöhnlichen Geschmackserlebnis, zu dem Sie unbedingt Ihre Freunde einladen sollten. Daher beziehen sich die Mengenangaben im folgenden Rezept auf die Zubereitung für 6 Personen. Wollen Sie für mehr Personen kochen, können Sie die Mengen entsprechend erhöhen.

Für die Zubereitung von Aasch e Anar benötigen Sie:
(für 6 Personen)

500 g Rinderhackfleisch
150 g Basmati-Reis
3–4 EL gelbe Erbsen (auf persisch: Lapeh)
½ Tasse Granatapfelsirup
(auf persisch: Robe Anar)
60 g Aasch-Kräutermischung
(fertig vorbereitet in persischen
Lebensmittelgeschäften erhältlich)

Ersatzweise kann die Aasch-Kräutermischung für Aasch e Anar auch aus folgenden frischen Kräutern, jeweils fein gehackt, gemischt werden:
40 g Schnittlauch
40 g Spinat
30 g Dill
40 g Petersilie
30 g Koriander

3 mittelgroße Zwiebeln
1 TL Kurkuma
1 TL Curry
2 EL Majoran
3 EL Nanaminze
3 EL Öl
Salz und Pfeffer nach Geschmack

Zubereitung:

2 der 3 Zwiebeln werden fein gewürfelt und in vorher erhitztem Öl in einem ausreichend großen Topf goldgelb angebraten. Dazu gibt man die gelben Erbsen und 3–4 Tassen Wasser. Nach dem Salzen und Pfeffern muß das Ganze bei geringer Hitze etwa 35–40 Minuten kochen. Danach sind die Erbsen zur Hälfte durch und der Reis, der zuvor 2–3mal mit kaltem Wasser abgespült wurde, wird dazugegeben. Die Erbsen müssen zusammen mit dem Reis nochmals etwa 10-15 Minuten kochen. Es ist darauf zu achten, daß der Reis nicht zu weich wird.

Von der fertigen Erbsen-Reis-Mischung werden etwa 4–5 EL abgenommen (ohne Flüssigkeit) und in eine bereitgestellte Schüssel gegeben. Darin wird diese Erbsen-Reis-Mischung mit dem Hackfleisch und der dritten Zwiebel, die vorher fein gerieben wurde, vermischt sowie mit Curry und Kurkuma gewürzt. Salz und Pfeffer zugeben und gut durchrühren, so daß sich die Bestandteile gut verteilen. Aus dieser Hackfleischmasse werden kleine Bällchen mit einem Durchmesser von etwa 2 cm geformt.

Die Hackfleischbällchen gibt man nun zusammen mit der Aasch-Kräutermischung in den Topf zu Reis und gelben Erbsen und mischt alles gut durch.

Das Ganze muß bei geschlossenem Topf und geringster Hitze etwa eine weitere Stunde garen. Ab und zu sollte etwas Wasser hinzugegeben werden, damit nichts anbrennt. Zum Schluß den Granatapfelsirup und den Majoran an den Aasch geben und alles nochmals bei geringster Hitze eine halbe Stunde ziehen lassen. Der fertige Aasch e Anar wird auf Tellern portioniert und mit Nanaminze garniert, die kurz zuvor in 3 EL Öl leicht angebraten wurde.

... noch ein paar besondere Köstlichkeiten

Die folgenden Gerichte sind in ganz Persien wegen ihrer edlen Zutaten und ihrem vorzüglichen Geschmack sehr beliebt. Sie versprechen höchsten Genuß und bilden den Höhepunkt unseres kulinarischen Streifzuges durch die persische Küche. Verwöhnen Sie damit sich und Ihre Gäste.

Köstlichkeiten

KHORESCHT E FESSENDSCHAN

Gekochtes Hähnchen oder Ente in Granatapfel-Walnuß-Sauce

Das Aroma von Walnüssen und der süßliche Geschmack von Granatäpfeln verleihen diesem Gericht eine außergewöhnliche Note. Khorescht e Fessendschan gehört zu den edelsten und beliebtesten Speisen der persischen Küche.

Für die Zubereitung von Khorescht e Fessendschan benötigen Sie:
(für 6 Personen)

    1 Hähnchen oder 1 Ente (1 ½ kg)
    300 g Walnußkerne
    1 EL Tomatenmark
    8 EL Granatapfelsirup
    1 TL Curry
    ½ TL Kurkuma

1 mittelgroße Zwiebel
2–3 EL Zucker
Salz und Pfeffer nach Geschmack

Zubereitung:

Das Hähnchen (oder die Ente) zerteilt man in 4 Stücke, legt diese in eine verschließbare feuerfeste Form (Römertopf) und gibt ein wenig Salz und Pfeffer darüber. Bei geschlossenem Deckel läßt man die Hähnchenteile im vorgeheizten Backofen bei 200°C etwa 1 Stunde (ohne die Zugabe von Wasser) im eigenen Saft schmoren.

Man gibt die fein gewürfelten Zwiebeln zusammen mit 2–3 EL Öl in einen Topf und brät die Zwiebelwürfel goldbraun an. Anschließend werden die

vorher geschälten und fein gemahlenen Walnüsse (je feiner desto besser) dazugegeben und leicht angeröstet. Damit nichts anbrennen kann, muß man alles immer wieder umrühren. Als nächstes gibt man den mit 2 Tassen Wasser verdünnten Granatapfelsirup und das Tomatenmark und den Zucker in den Topf und rührt alles gut unter. Zuletzt wird mit Curry und Kurkuma gewürzt. Salzen und pfeffern nicht vergessen, umrühren und auf kleiner Hitze 1 Stunde lang köcheln lassen.

Während die Walnußsauce kocht, holt man das Hähnchen aus dem Backofen und läßt es ein bißchen abkühlen. Anschließend löst man das Fleisch von den Knochen, schneidet es in kleine Stücke und gibt es zu der Sauce in den Topf. Bei niedrigster Hitze muß das Ganze dann noch etwa 1 ½ Stunden köcheln. Während des Kochens bildet sich im Topf eine Fettschicht auf der Sauce. Das ist das Fett aus dem Hähnchenfleisch und vor allem aus den Walnüssen. Wer es nicht so fettig mag, kann diese Fettschicht etwa alle 15 Minuten vorsichtig abschöpfen. Nach dem Abschöpfen des Fettes rührt man jedesmal die Sauce um, damit sie nicht anbrennt.

TAHTSCHIN E MORK

Hähnchenpollo

Tahtschin e Mork ist aufgrund seiner Zutaten und durch die Art und Weise seiner Zubereitung ein besonders edles Gericht, von dem schon in früheren Zeiten die persischen Könige schwärmten. Bei keinem Fest oder Staatsempfang durfte dieses Gericht fehlen.

Auch heutzutage wird dieses Hähnchen-Reis-Gericht gerne bei besonderen Anlässen zubereitet. Steht Tahtschin e Mork auf dem Speisezettel, so bringt der Gastgeber damit stets eine besondere Hochachtung gegenüber seinen Gästen zum Ausdruck.

Man sollte sich bei der Zubereitung von Tahtschin e Mork genügend Zeit nehmen und sehr gewissenhaft vorgehen. Ein Teil der Zutaten verlangt eine Bearbeitung bereits am Vortag, aber auch die eigentliche Zubereitung nimmt mindestens 2 Stunden in Anspruch. Die Mühe wird jedoch durch den frischen

Duft von Safran, die goldgelbe Farbe, den großartigen Geschmack und nicht zuletzt durch die Zufriedenheit Ihrer Gäste belohnt.

Für die Zubereitung von Tahtschin e Mork benötigen Sie:
(für 4 Personen)

    1 Hähnchen (1–1 ½ kg)
    4 Eier
    1 kg milden Joghurt
    ¼ TL Safran
    ¼ TL Zucker
    1 Zwiebel
    etwas getrocknete rote Chilis, geschrotet
    2 TL Kurkuma
    3–4 Tassen Basmati-Reis
    5 EL getrocknete Berberitze (in persischen Lebensmittelgeschäften erhältlich)
    4 EL Sonnenblumenöl
    Salz und Pfeffer nach Geschmack

Zubereitung:

Vorbereitungen:
Bereits am Abend vor dem Festmahl wird der Joghurt in ein sauberes Tuch (Geschirrtuch) gepackt und in ein Sieb gelegt, unter das eine Schüssel zum Auffangen der aus dem Joghurt austretenden Flüssigkeit gestellt wird. Das Ganze läßt man über Nacht an einem kühlen Ort oder im Kühlschrank stehen. Als Ergebnis erhält man eine dickliche Joghurtmasse.

Das Hähnchenfleisch:
Die eigentliche Zubereitung von Tahtschin e Mork beginnt mit der Vorbereitung des Hähnchenfleisches. Dazu wird das Hähnchen in 6 Teile geschnitten: die Flügel und die Keulen werden vom Rumpf getrennt, dieser wird halbiert. Die Hähnchenteile kommen in einen Topf und werden ganz mit kaltem Wasser bedeckt und zusammen mit der in große Stücke geschnittenen Zwiebel aufgekocht. Erst wenn das Wasser anfängt zu kochen, werden noch Kurkuma, eine Messerspitze rote Chilis und 1 TL Salz dazugegeben. Bei schwacher Hitze muß das Hähnchen noch etwa 1 Stunde weiterkochen, bis es ganz weich ist und sich später gut vom Knochen lösen läßt. Zunächst jedoch werden die Hähnchenstücke zum Abtropfen und Abkühlen in ein Sieb gegeben. Das abgekühlte Hähnchen

wird entbeint und das Fleisch in kleine Stücke geschnitten. Je nach Vorliebe wird die Haut des Hähnchens entfernt oder am Fleisch belassen. Von dem Sud, in dem das Hähnchen gekocht wurde, werden 5 EL abgenommen und in einer Tasse aufbewahrt.

Der Reis:

Nach der Vorbereitung des Hähnchenfleisches kann mit der Reiszubereitung begonnen werden. Um zu verhindern, daß der Reis klebrig wird, sollte dieser vor dem Kochen gründlich abgespült werden. Danach gibt man ihn in einen Topf mit kaltem Salzwasser – man rechnet auf 1 Tasse Reis 3 Tassen Wasser – und 1 EL Öl und läßt das Wasser aufkochen. Anschließend muß der Reis 7 Minuten bei mittlerer Hitze und offenem Topf kochen. Danach ist der Reis „al dente", das heißt, er hat noch einen leicht körnigen Biß. Das ist genau der richtige Moment, in dem man das Wasser durch ein feines Sieb (so daß die Reiskörner nicht durchfallen können) abgießt und den Reis nochmals mit kaltem Wasser abspült.

Der Safran:

Das Geheimnis von Tahtschin e Mork liegt in seinem feinen Safrangeschmack. Damit sich dieser voll entfalten kann, muß der Safran vorbereitet werden. Falls man ungemahlenen Safran verwendet – was man wegen des besseren Aromas sollte – muß dieser zunächst gemahlen werden. Dazu wird ein viertel TL Safran zusammen mit einem viertel TL Zucker in einem Mörser fein zerrieben. Anschließend wird das Pulver in ein Teeglas gefüllt und mit heißem Wasser übergossen, bis das Glas etwa zur Hälfte gefüllt ist. Das Teeglas mit dem Safranaufguß muß mit einer Untertasse abgedeckt werden, damit bis zum Abkühlen das Aroma nicht entweicht.

Die Joghurt-Masse:

Zur Joghurt-Masse, mit deren Zubereitung schon am Vortag begonnen wurde, werden nun die 4 Eigelbe und die Hälfte des vorbereiteten Safranaufgusses gegeben. Anschließend verrührt man alles gut und

schmeckt mit Pfeffer und Salz ab. Zur Joghurt-Masse gibt man das in kleine Stücke geschnittene Hähnchenfleisch, vermischt alles gut miteinander und stellt das Ganze 3–4 Stunden kühl.

Schichten und Garen von Tahtschin e Mork:
Nach den Vorbereitungen beginnt das eigentliche Aufeinanderschichten der Zutaten. Dazu benötigt man eine Casserolle mit einem hohen Rand oder einen Topf, jeweils mit Deckel. Wichtig ist eine Anti-Haft-Beschichtung, damit am Schluß Tahtschin e Mork beim Stürzen nicht am Kochgeschirr kleben bleibt.
In der Casserolle bzw. im Topf werden 4–5 EL Öl erhitzt und darin eine Mischung aus 3–4 EL Joghurtmasse mit 4 EL gekochtem Reis flächig ausgebreitet. Auf diese Grundschicht kommt eine Schicht aus der Hälfte der verbliebenen Joghurt-Masse und darauf eine Schicht aus der Hälfte des verbliebenen Reises. Darauf folgt eine Schicht mit der zweiten Hälfte der Joghurtmasse. Die oberste Schicht besteht aus dem restlichen Reis.

Über den geschichteten Pollo gießt man langsam den mit dem verbliebenen Safranaufguß vermischten Hähnchensud. Zuletzt wird mit einem Löffel alles gleichmäßig festgedrückt.

Bei geringster Hitze muß der Pollo 2 Stunden im geschlossenen Topf garen. Den Deckel wickelt man wie beim Dämpfen von Reis in ein Küchentuch. Dadurch bleibt der Reis locker und verklebt nicht. Ist Tahtschin e Mork fertig, wird es vorsichtig, damit es seine Form behält, auf eine Servierplatte gestürzt. Die Oberfläche wird mit Berberitzen garniert, die zusammen mit 1 TL Zucker und 1 Prise Salz in 2 EL Öl angebraten wurden.

KUFTEH TABRISI

Kufteh Tabrisi ist eine typische Spezialität aus der Stadt Täbris in persisch Aserbaidschan, im Nordwesten des Landes, ist aber in vielen Gegenden Persiens sehr beliebt. Gerne wird dieses Gericht zu besonderen Anlässen kredenzt, da die Zubereitung Gefühl, Geduld und Gewissenhaftigkeit erfordert. Dieses Bemühen wissen auch die Gäste zu schätzen, denen der Gastgeber mit Kufteh Tabrisi seine ganze Hochachtung zum Ausdruck bringt. Die Menschen in Täbris sind stolz auf diese Spezialität, und wer sie probiert hat, der gibt ihnen Recht.

Für die Zubereitung von Kufteh Tabrisi benötigen Sie:
(für 6 Personen)

- 500 g Rinderhackfleisch
- 250 g Basmati-Reis
- 200 g gelbe Erbsen (Lapeh)
- 2 mittelgroße Zwiebeln
- 12 Silberzwiebeln
- 1 EL Basilikum, gehackt
- 1 EL Petersilie, gehackt
- 1 EL Koriander, gehackt
- 3 hartgekochte Eier
- 2 rohe Eier
- 12 Alu Bokharai (getrocknete Mirabellen, in persischen Lebensmittelgeschäften erhältlich)
- 24 Walnußkerne
- 60 g Rosinen
- 2 EL Mehl
- 2 EL Tomatenmark
- 1 TL Curry
- 1 TL Kurkuma
- ½ TL Chilipulver
- Pfeffer und Salz nach Geschmack

Zubereitung:

In 2 getrennten Töpfen mit Salzwasser werden der Reis und die gelben Erbsen weichgekocht. Vorher den Reis ebenso wie die gelben Erbsen 3mal mit kaltem Wasser abspülen. Die Erbsen benötigen eine etwas längere Kochzeit (30–45 Minuten), daher kann zunächst der Reis nach 10 Minuten Kochzeit in ein feines Sieb gegeben und mit kaltem Wasser abgespült werden. Anschließend macht man das gleiche mit den Erbsen. Beides abtropfen lassen. Den Reis und die gelben Linsen gibt man zusammen in eine Schüssel und stampft beides kräftig mit einem Kartoffelstampfer oder einem stabilen Holzlöffel, so daß eine breiartige homogene Masse entsteht. In einer zweiten, größeren Schüssel vermischt man das Hackfleisch, die rohen Eier, eine der beiden mittelgroßen, fein geriebenen Zwiebeln, das Mehl, die gehackten Kräuter sowie die Gewürze mit der Reis-Linsen-Masse. Alles gut durchkneten und gut miteinander vermischen. Aus dieser Masse formt man etwa 12 Knödel, in die man jeweils ein Viertel von einem hartgekochten Ei, eine getrocknete Mirabelle, eine Silberzwiebel sowie 2 Walnußkerne und Rosinen gibt.

Tomatensauce:

In einen ausreichend großen Topf gibt man 3–4 EL Öl und brät darin die in kleine Würfel geschnittene zweite Zwiebel goldgelb an. Anschließend rührt man das Tomatenmark ein und achtet darauf, daß es nicht anbrennt. Als nächstes die Gewürze unter ständigem Rühren hinzugeben und mit einem halben Liter Wasser löschen. Gut umrühren und zum Kochen bringen. Bevor die Knödel in die Tomatensauce gelegt werden nach Geschmack mit Salz und Pfeffer abschmecken. Sind die Knödel im Topf, wird die Tomatensauce kurz aufgekocht, anschließend muß man Kufteh Tabrisi mindestens 2–3 Stunden bei geringster Hitze und geschlossenem Deckel köcheln lassen. Das ist wichtig, da die Knödel bei geöffnetem Topf anbrennen würden. Nach 2–3 Stunden werden die Knödel aus dem Topf genommen, auf einer Platte in Scheiben geschnitten und die Tomatensauce darübergegeben.

Köstlichkeiten

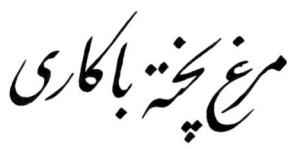

MORK E POCHTE BA CORRY

Geschmortes Hähnchen in Curry

Mork e Pochte ba Corry ist einfach in der Zubereitung, schmeckt aber ausgesprochen gut und wird in Persien gerne gekocht. Es paßt hervorragend zu Baghalipollo (siehe S. 87).

Für die Zubereitung von Mork e Pochte ba Corry benötigen Sie:
(für 4 Personen)

- 1 Hähnchen, mittelgroß (1–1 ½ kg)
- 2 TL Curry
- 2 mittelgroße Zwiebeln
- 2 EL Rosinen
- ¼ TL Safran
- 2 EL Öl
- Salz und Pfeffer nach Geschmack

Zubereitung:

Das Hähnchen vor der Zubereitung mit kaltem Wasser waschen und in einen ausreichend großen Topf geben. Die Zwiebeln werden in Scheiben geschnitten und zusammen mit den Rosinen und dem Safran sowie 2 Tassen Wasser zu dem Hähnchen gegeben. Mit Curry und Pfeffer würzen, anschließend salzen. Das Wasser zum Kochen bringen und dann bei geringer Hitze und geschlossenem Deckel etwa 1 ½ Stunden schmoren lassen, bis daß Wasser fast verdampft ist. Dadurch dickt sich die Mischung aus Öl, Zwiebeln und Rosinen am Boden des Topfes ein. Diese Mischung gibt man beim Servieren über das Hähnchen.

Schirini

Persische Süßspeisen – Die Verlockungen des Orients

Nach einem guten Essen oder einfach zu Tee und Kaffee wird in Persien meistens etwas zum Knabbern oder Naschen serviert. Während des Fastenmonats Ramadan werden nach dem Abendgebet Süßspeisen zusammen mit Tee serviert. Die gereichten Süßigkeiten werden stets mit der gleichen Sorgfalt zubereitet wie die übrigen Speisen, damit bei anregenden Gesprächen nach Tisch auch der Gaumen nicht zu kurz kommt.

Vier der beliebtesten Süßspeisen wollen wir Ihnen vorstellen.

Süßspeisen

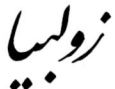

SULBIA

Sulbia ist ein beliebte Süßigkeit aus fritiertem Teig mit einem Überzug aus Zucker und Rosenwasser. Der Duft des Rosenwassers verleiht Sulbia das typisch orientalische Aroma.

Für die Zubereitung von Sulbia benötigen Sie:

Für den Teig:
- 500 g Kartoffelmehl
- 80 g Weizenmehl
- 500 g Joghurt
- 150 g Sauerrahm
- ½ TL Speisenatron
- ¼ TL Safran, gemahlen
- Speiseöl zum Fritieren

Für den Sirup:
- 4 Tassen Wasser
- 1200 g Zucker
- 4 EL Rosenwasser (in persischen Lebensmittelgeschäften erhältlich)
- 1 TL Kardamom
- 3 EL Zitronensaft

Zubereitung:

Die Zutaten für den Teig werden in eine Schüssel gegeben und mit dem Handrührgerät gut durchgerührt. Anschließend muß der Teig in der abgedeckten Schüssel 2–3 Stunden bei Zimmertemperatur ruhen.

Hinweis: Den für die Teigherstellung verwendeten Safran kann man bereits gemahlenen kaufen. Gemahlener Safran ist jedoch nicht so aromatisch wie ungemahlener. Ungemahlener Safran muß vor der Verwendung zusammen mit 1 Messerspitze Zucker in einem Mörser fein zermahlen werden.

Nachdem der Teig ruhen konnte, kurz bevor mit dem Fritieren begonnen wird, muß der Sirup vorbereitet werden, da die Sulbia direkt nach dem Fritieren in den Sirup getaucht werden. Die Zutaten für den Sirup werden in einem großen Topf unter wiederholtem Umrühren so lange gekocht bis eine sirupartige Konsistenz entsteht. Anschließend die Hitze verringern aber aufpassen, daß der Sirup während der Verarbeitung nicht erkaltet, da er sonst fest wird.

Während der Sirup kocht wird in einer mittelgroßen Pfanne (Ø etwa 20 cm) das Speiseöl oder Fritierfett erhitzt (der Pfannenboden sollte etwa 1 cm mit Öl bedeckt sein). Der Teig wird in eine Spritzform gefüllt, die mit einem Aufsatz (Ø 0,5 cm) versehen ist. Wenn das Öl heiß ist, wird ein Teil des Teiges aus der Spritzform in 3 kreisförmigen und einer achtförmigen Bewegung in das heiße Fett gegeben. Nach kurzer Zeit schwimmt der Teig auf dem Fett, und sobald er etwas fester wird muß er einmal gewendet werden. Dazu benutzt man am besten eine Grillzange, es funktioniert aber auch mit 2 Gabeln. Wenn der Teig hellbraun wird, nimmt man das Sulbia aus dem Öl, läßt es kurz abtropfen und taucht es anschließend kurz in den Sirup. Die fertigen Sulbia werden zum Abkühlen auf ein Blech gelegt und können anschließend serviert werden.

Tip: Bei der Herstellung von Sulbia sollte man möglichst zu zweit sein. Während eine Person fritiert, kann die andere die Sulbia in den Sirup tauchen und beiseite legen.

Sulbia schmecken als Nachtisch ebenso wie zu Tee. Am besten sind sie, wenn man sie gleich frisch genießt.

Süßspeisen

BAGHLAWA

Baghlawa ist eine beliebte Süßspeise aus einer Art Blätterteig mit einer Füllung aus Mandeln und Pistazien. Kardamom, Zimt und Rosenwasser geben einen unnachahmlich köstlichen Geschmack.

Für die Zubereitung von Baghlawa benötigen Sie:

Für die Füllung:
- 500 g geschälte Mandeln
- 150 g gesalzene Pistazien
- 150 g ungesalzene Pistazien
- 250 g Puderzucker
- 1 ½ TL Kardamom
- 2 TL Zimt
- 4 EL Rosenwasser

Für den Teig:
- 100 g Mehl
- ½ Tasse Milch
- 2 Eigelb
- 1 TL Backpulver
- 80 g Butter, Öl

Für den Sirup:
- 400 g Zucker
- 1 Tasse Wasser
- 1 TL Kardamom
- 3 EL Rosenwasser

Zubereitung:

Für den Teig werden Mehl, Milch, Eigelb, Butter und Backpulver in eine Schüssel gegeben und mit einem Handrührgerät (Teighaken) gut durchgeknetet, bis eine gleichmäßige Masse entsteht. Anschließend wird der Teig aus der Schüssel entnommen und in einen Gefrierbeutel gegeben oder mit Kunststoffolie umwickelt und für etwa 2 ½ Stunden bei Zimmertemperatur beiseite gestellt.

In der Zwischenzeit wird die Füllung hergestellt. Dazu müssen die Mandeln und die Pistazien geschält sein. Falls Sie die Mandeln selbst schälen, müssen diese zunächst in einer Schüssel mit warmem Wasser etwa 1 ½ Stunden eingeweicht werden, damit sich die Haut später gut ablösen läßt. Anschließend werden die Mandeln und Pistazien so fein wie möglich gehackt. Hierfür verwendet man am besten einen Mixer mit Messereinsatz.

Zu den gehackten Mandeln und Pistazien gibt man den Puderzucker, den Kardamom und den Zimt und mischt alles gut im Mixer durch.

Nachdem der Teig 2 ½ Stunden ruhen konnte, wird er aus dem Gefrierbeutel bzw. der Kunststoffolie genommen und von Hand in 6 walnußgroße Stücke aufgeteilt. Außerdem muß eine feuerfeste Form – günstig ist ein rechteckiges Format – bereitgestellt werden, die groß und hoch genug ist (ca. 30cm x 20cm x 5 cm), um alle Zutaten für Baghlawa aufzunehmen.

Auf einer glatten, mit Mehl bestreuten Unterlage wird das erste Teigstückchen mit einem Wellholz hauchdünn auf die Größe der feuerfesten Form – Überstände mit dem Messer entfernen – ausgerollt. Dabei immer alles genügend mit Mehl bestäuben, damit der Teig nicht an der Unterlage bzw. am Wellholz kleben bleibt. Die erste ausgerollte Teiglage wird in die vorher eingefettete Form gelegt und mit Öl bestrichen. Darauf kommen nacheinander die zweite und die dritte Teiglage, die auf die gleiche Weise ausgerollt und eingefettet werden.

Nachdem der Boden fertiggestellt ist, verteilt man darauf die Füllung und drückt alles mit einem Löffel gut fest. Anschließend träufelt man das Rosenwasser gleichmäßig darüber und sticht mit einer Gabel im Abstand von 2 cm in die Füllung, damit das Rosenwasser auch gut in die tieferen Schichten der Füllung gelangen kann.

Auf die Füllung kommen nochmals 3 Teiglagen, die in gleicher Weise hergestellt werden, wie die Teiglagen des Bodens. Nicht vergessen, die oberste Teigschicht ebenfalls einzufetten. Ist alles fertig geschichtet, wird mit einem angefeuchteten Messer das Baghlawa in der Backform in rautenförmige Stücke geschnitten (Kantenlänge etwa 4 cm). Anschließend kommt das Ganze bei 180°C

für etwa 35 Minuten in den Backofen. Wenn sich eine hellbraune Kruste gebildet hat, kann das Baghlawa aus dem Ofen genommen werden und muß etwa 15 Minuten abkühlen.

In dieser Zeit wird der Sirup hergestellt, mit dem zum Schluß alles bestrichen wird. Dazu gibt man Zucker, Kardamom und Rosenwasser zusammen mit 1 Tasse Wasser in einen Topf und kocht alles unter wiederholtem Umrühren so lange, bis eine sirupartige Konsistenz entsteht.

Wichtig: Bis zum Ende der Verarbeitung darf der Sirup nicht erkalten, da er sonst zu fest wird.

Von diesem Sirup gibt man 6 EL vorsichtig und gleichmäßig auf das Baghlawa und wartet etwa 15 Minuten, bis der Sirup aufgesogen wurde. Diesen Vorgang wiederholt man dreimal und stellt das Ganze dann noch 2 Stunden beiseite, damit alles gut durchziehen kann. Zum Schluß wird Baghlawa mit grob gehackten Pistazien garniert.

Baghlawa ist im Kühlschrank lange haltbar. Wenn also nicht gleich alles aufgegessen wird, kann man den Rest problemlos in einer geschlossenen Dose aufbewahren. Auf diese Weise hat man immer etwas Süßes im Haus.

HALWA KHORMA

Dattelhalwa

Für diese typisch persische Variante des im gesamten Orient bekannten Halwa werden bei der Herstellung Datteln verwendet. Die dazu benötigten persischen Datteln unterscheiden sich von den bei uns bekannten getrockneten Datteln durch ihre weichere Konsistenz und ihren aromatischeren Geschmack. Sie machen Dattelhalwa zu einer besonders köstlichen Verlockung.

Für die Zubereitung von Halwa Khorma benötigen Sie:

300 g persische Datteln (in persischen Lebensmittelgeschäften erhältlich)
100 g ungesalzene Pistazien
100 g Butter
150 g Mehl
½ TL Safran
4 EL Rosenwasser
50 g gestiftete Mandeln

Zubereitung:

Zur Vorbereitung dieser Süßspeise müssen zunächst die Datteln entkernt und die Pistazien von ihrer Schale befreit werden. Für den Fall, daß die Pistazien gesalzen sind, muß das Salz gründlich mit lauwarmem Wasser abgespült werden. Anschließend wird der Safran vorbereitet. Wegen des besseren Aromas verwendet man ungemahlenen Safran, den man zusammen mit einem halben TL Zucker in einen Mörser gibt und fein zermahlt. Über den gemahlenen Safran wird eine halbe Tasse kochendes Wasser gegeben – ähnlich wie bei einem Teeaufguß. Dieser Aufguß sorgt dafür, daß sich das Safranaroma später besser mit der Halwamasse verbinden kann.

In einem großen Topf wird die Butter zerlassen und anschließend das Mehl dazugeben. Dabei muß darauf geachtet werden, daß die Hitze nicht zu groß ist, da sonst Butter und Mehl sehr schnell anbrennen können. Sobald das Mehl im Topf ist, wird unter ständigem Rühren eine halbe Tasse heißes Wasser zugegeben und so lange weitergerührt, bis die Masse glattgerührt ist. Bei weiterhin geringer Hitze werden die Datteln dazugeben und mit einem stabilen Kochlöffel oder besser einem Kartoffelstampfer kräftig durchgeknetet und zerdrückt. Sollte die Masse dabei zu fest werden, kann man eine halbe Tasse Wasser hinzufügen. Zuletzt wird das Rosenwasser und der Safranaufguß zur Halwamasse gegeben und alles nochmals gut durchgeknetet.

Die fertige Halwamasse wird auf einen bereitgestellten großen Teller gefüllt und mit einem Messer in Form gestrichen. Das Messer dabei immer wieder in warmes Wasser tauchen, damit die Halwamasse nicht kleben bleibt.

Zum Schluß wird Dattelhalwa mit Pistazien oder Mandeln garniert.

Süßspeisen

SCHOLEH SARD

Reisbrei mit Safran

Scholeh Sard ist ein erfrischender, kühler Nachtisch, wird im Sommer aber auch gerne als leichte Zwischenmahlzeit serviert. Im Gegensatz zu Milchreis wird Reisbrei ohne Milch hergestellt und ist dadurch nicht so schwer. Seinen besonderen Geschmack verdankt Scholeh Sard der gelungenen Kombination von Safran, Rosenwasser und Zimt.

Für die Zubereitung von Scholeh Sard benötigen Sie:

1 ½ Tassen Basmati-Reis
6 Tassen Wasser
½ TL gemahlener Safran
60 g gestiftete Mandeln
20 g Pistazienkerne
2 EL Rosenwasser
7–8 EL Zucker, Zimt
½ TL Salz

Zubereitung:

Der Reis wird in einem Sieb 2–3mal mit kaltem Wasser abgespült und anschließend zusammen mit 6 Tassen Wasser und ½ TL Salz in einen mittelgroßen Topf gegeben. Anschließend den Reis kurz aufkochen und bei niedriger Hitze etwa 1 Stunde weiterkochen lassen. Der Schaum, der sich während des Kochens auf der Oberfläche des Kochwassers bildet, muß dabei immer wieder mit einem Löffel abgeschöpft werden. Nach 1 Stunde werden der gemahlene Safran, das Rosenwasser, der Zucker und die Hälfte der Mandelstifte dazugegeben. Das Ganze muß dann auf niedriger Stufe nochmals eine halbe Stunde weiterkochen.

Der fertige Reisbrei wird solange er heiß ist in Dessertschalen gefüllt und mit den restlichen Mandelstiften sowie den gemahlenen Pistazien garniert und mit Zimt bestreut. Vor dem Servieren kühl stellen, dann erhält Scholeh Sard die gewünschte puddingähnliche Konsistenz.

Notizen

Notizen